CONSIDÉRATIONS

MÉDICALES ET ADMINISTRATIVES

SUR

LES ALIÉNÉS.

—

MÉMOIRE

A L'APPUI DU PROJET D'UN ASILE D'ALIÉNÉS COMMUN A CINQ

DÉPARTEMENTS :

AISNE, AUBE, ARDENNES, MARNE, SEINE-ET-MARNE ;

Par G. DAGONET,

DOCTEUR EN MÉDECINE DE LA FACULTÉ DE PARIS, DIRECTEUR DE LA MAISON DE SANTÉ
DU DÉPARTEMENT DE LA MARNE.

Châlons-sur-Marne.

BONIEZ-LAMAERT, IMPRIMEUR-LIBRAIRE.

—

1838.

CONSIDÉRATIONS

MÉDICALES ET ADMINISTRATIVES

SUR LES ALIÉNÉS.

ERRATUM.

Page 85, ligne 17 ; au lieu de *construire*, lisez *constituer*.

CONSIDÉRATIONS

MÉDICALES ET ADMINISTRATIVES

SUR LES ALIÉNÉS.

MÉMOIRE

A L'APPUI DU PROJET D'UN ASILE D'ALIÉNÉS

COMMUN A CINQ DÉPARTEMENTS :

AISNE, AUBE, ARDENNES, MARNE, SEINE-ET-MARNE ;

Par G. DAGONET,

Docteur en médecine de la Faculté de Paris, Directeur de la Maison de Santé
du département de la Marne, etc.

Châlons-sur-Marne.

BONIEZ-LAMBERT, IMPRIMEUR-LIBRAIRE.

1838.

CONSIDÉRATIONS

MÉDICALES ET ADMINISTRATIVES

SUR LES ALIÉNÉS.

INTRODUCTION.

§ I.

Défaut d'uniformité des Établissements consacrés en France au traitement de l'Aliénation mentale.

PARMI les institutions que nous devons aux idées de réforme et d'amélioration, qui, depuis un demi-siècle ont apporté une modification si profonde dans notre état social, il en est peu qui soient l'objet d'une étude plus attachante que celles ouvertes à l'exercice de la charité publique. Le respect pour l'infortune est entré bien avant dans nos mœurs ; cependant malgré les immenses améliorations opérées de nos jours dans les établisssements de bienfaisance, le besoin auquel ils correspondent n'a encore obtenu, généralement en France, qu'une satisfaction incomplète.

En nous bornant sur cette matière aux considérations qui se rattachent au travail particulier que nous avons entrepris, nous pourrions tracer un rapprochement qui ne serait pas

sans intérêt entre l'état actuel des asiles publics, affectés au
traitement et à la conservation des infortunés atteints dans
leur raison, et ce que les meilleurs esprits ont publié sur cette
matière, ce que le génie, inspiré par l'amour de l'humanité,
a pu concevoir et produire. La nature restreinte de la question que nous avons à traiter nous interdit des développements trop étendus, et nous devons nous en tenir à un simple
aperçu qui indiquera suffisamment le but dont nous avons
voulu approcher.

La préoccupation que le gouvernement vient de révéler
pendant le cours des deux dernières sessions des chambres,
sur l'importante question d'économie publique qui a trait
aux aliénés, le concours si empressé et si honorable de l'autorité administrative, de l'autorité législative, de la science
en faveur de cette classe spéciale de malades, sont une preuve
incontestable qu'il est besoin encore partout d'établissements
institués avec l'ensemble des moyens thérapeutiques dont l'efficacité a été reconnue dans le traitement de l'aliénation mentale.

La bienfaisance administrative a aussi à se reconstituer en
France sur de nouvelles bases ; sans doute ce n'est pas d'aujourd'hui que la charité évangélique et la philantropie ont
dirigé l'attention de l'autorité publique vers les souffrances
des classes disgraciées de la fortune ; de l'apostolat de saint
Vincent de Paule date une époque remarquable pour la charité, mais en vain le plus sublime amour de l'humanité a-t-il
éclaté en éloquentes paroles, en vain les fondations charitables se sont-elles multipliées, il a fallu une seconde époque
de progrès pour faire porter tous leurs fruits a de nobles
pensées auxquelles manquaient les lumières et la science des
objets matériels que nous devons à un âge plus avancé en ci-
vilisation et en sociabilité.

L'indigence ne trouvait qu'un sépulcre anticipé dans les asiles qui lui étaient préparés. La médecine avait beau y déployer ses ressources, l'insalubrité et la mauvaise disposition des hôpitaux donnaient une nouvelle force à l'action destructive de la maladie. Mais si l'humanité était loin d'être satisfaite à l'égard des secours appliqués à l'indigent malade, elle était outragée par le régime barbare auquel les aliénés ont à peine cessé d'être soumis.

Les philantropes de la fin du siècle dernier ne pouvaient manquer de s'intéresser à une infortune d'autant plus à plaindre que généralement elle n'est point méritée. Tenon dans ses mémoires, dont la médecine et l'architecture se sont emparés au profit de l'humanité souffrante (1786); quelques années après, La Rochefoucault-Liancourt, dans un rapport général à l'assemblée constituante (1791), invoquèrent d'autres soins pour les aliénés. Il était réservé à l'art médical de changer leur sort. La question acquérait un nouvel intérêt en entrant dans le domaine de la science. Déjà un anglais, Willis, par un système particulier de traitement, et surtout par la condition sociale d'un malade auquel il l'appliquait, avait éveillé l'attention des médecins, quand une épreuve décisive, qui a entouré de la gloire la plus durable la médecine française, vint éclairer d'une vive lumière tout ce qui se rattachait à une maladie entièrement méconnue.

Le 4 prairial an 6, après plusieurs années d'étude et d'efforts pour affermir sa propre conviction, pour dissiper des préventions desquelles on se rend facilement raison, Pinel, aidé d'un surveillant, dont il a voulu que le nom fut connu (Pussin), parvient à faire tirer de leurs cachots, et à débarrasser de leurs fers les furieux de Bicêtre : une force brutale cessant de se déployer contre ces malheureux, ils cessent d'être dangereux pour leurs gardiens, tous sont rendus au calme, quelques-uns à la raison et à la liberté après de longues années d'une cruelle réclusion.

La pensée de Pinel, comme tout ce qui revêt le caractère du génie, a été féconde en résultats. Les aliénés, depuis lors, ont été l'objet d'observations multipliées, toutes ont attesté sur quelle expérience judicieuse reposait cette tentative marquée au coin d'une généreuse hardiesse; pour ne citer qu'un seul fait, et ils abondent dans la matière, la manie furieuse a presque disparu de nos établissements, quelques progrès de plus dans le système général qui préside à leur institution, et il est permis d'affirmer qu'on ne la connaîtra plus.

Pinel developpa sa doctrine et posa les bases du traitement des aliénés, dans des mémoires publiés de 1796 à 1800, et dans deux éditions du *Traité médico-philosophique de l'Aliénation mentale*, qui restera au premier rang dans la littérature médicale (1800—1809).

Il est commun de voir dans les sciences des réputations connexes; le nom d'Esquirol se place à côté de celui de l'illustre médecin de Bicêtre et de la Salpêtrière. Si le génie de l'un créa une science nouvelle, la persévérance de l'autre à en faire l'application lui assignera une place distinguée dans les annales de la médecine.

M. Esquirol fit la première application des vues de Pinel dans une maison particulière; il développa et étendit sa doctrine dans une série de publications de 1812 à 1820. On doit rattacher à ses travaux les établissements qui se sont formés à partir de cette dernière époque; l'asile de Saint-Yon à Rouen, les maisons de Bordeaux, de Nantes, de Lyon, de Lafont près La Rochelle, de Cadillac, du Mans, de Marseille. Dans des établissements d'une grande réputation à l'étranger, à Pyrna en Saxe, à Siegbourg sur le Rhin, à Gand en Belgique, les idées de l'école française ont été mises en pratique. Nous nous garderons d'oublier ici les grandes améliorations effectuées à Bicêtre et à la Salpêtrière par le conseil-général des hôpitaux de Paris, sous la direction d'un administrateur dont l'activité égale les lumières, M. Desportes.

Ce que nous avons voulu constater dans l'énonciation succincte qui précède, c'est que les principes sur lesquels se fonde le traitement de l'aliénation mentale sont posés d'une manière absolue et bien arrêtés, c'est que la théorie dont ils émanent a été sanctionnée par des applications couronnées de succès; il nous reste à établir que les conditions d'un traitement parfaitement en rapport avec ces principes, qui datent de quarante ans, n'ont encore été obtenus en France dans aucun établissement public.

Nous commençons la revue rapide que nous voulons faire, par les établissements d'aliénés du département de la Seine. Là, au sein de la capitale du monde civilisé, à une époque où les choses de confort usuel, qu'on nous passe l'expression, y sont traitées avec tant de soin, la science, l'expérience, le zèle administratif et le zèle médical, tout concourait, nous ne disons point pour améliorer, mais pour changer essentiellement les institutions qui sont l'objet de nos recherches.

A la Salpétrière et à Bicêtre de grandes étendues de terrain se sont couvertes de constructions où l'élégance le dispute à l'appropriation du service. Des cellules sainement établies, des salles bien aérées, des divisions déjà conformes aux données de la pratique, y révèlent la science, le goût, surtout l'esprit d'humanité; pour arriver là, nécessairement il a fallu de fortes dépenses; eh bien, le cœur du philantrope, du médecin, de l'administrateur qui ont pu se trouver aux prises avec la parcimonie, ou, pour parler plus juste, avec

la pénurie des provinces, ne peut se défendre d'un serre-
ment douloureux en voyant les créateurs de ces établissements dominés par l'idée de l'imperfection de leurs œuvres,
et les présentant dans leurs rapports comme des travaux pro-
visoires qui attendent des circonstances plus décisives.

En effet, à Bicêtre et à la Salpêtrière, deux mille aliénés,
des deux sexes, sont compris dans les soins et les détails
d'immenses services. Bien qu'une attention spéciale leur ait
été accordée de la part de l'administration, si éclairée, si li-
bérale, des hôpitaux de Paris, ils ne sont qu'une ramification
d'un système de bienfaisance, peu homogène. Il est fâcheux
que les fonds employés à ces constructions n'aient pu s'accu-
muler et s'augmenter de manière à permettre la constitution
d'établissements spéciaux pour les aliénés indigents du département de la Seine, il n'eut point été impossible, nous le
croyons, de rencontrer parmi les terrains accidentés des en-
virons de Paris, des localités favorables pour les disposer en
conformité de la science.

Nous ne quitterons point le département de la Seine sans
parler de Charenton. Dans cette institution d'une si ancienne
réputation, il faut rendre justice, avant tout, à l'esprit de
sagesse et de douceur qui préside à son administration actuelle. L'autorité des médecins, toujours en rapport, en parfaite harmonie avec une direction toute paternelle, assure de
précieuses garanties aux familles qui lui donnent leur confiance. Malheureusement la disposition de son terrain se
prête difficilement à tout ce que doit comporter aujourd'hui
la médecine des aliénés. Une disposition analogue se remarque à la maison d'aliénés de Maréville, près Nancy;
elle y a des inconvénients bien moins compensés.

Une vue étendue sur la vallée où la Marne se réunit à la
Seine, l'abri que lui donne, au nord, le coteau auquel il est

adossé, et le bois de Vincennes qui en est voisin, son exposition découverte à l'est et au midi rachètent en partie,
pour Charenton, cette position sur une pente escarpée, qu'il
n'en faut pas moins signaler comme une source de dépenses,
et d'embarras, de difficultés dans le service des employés,
obligés, à chaque instant, de monter ou de descendre. Un
crédit de 2,800,000 francs a été récemment obtenu des
Chambres, pour achever ce qui reste à faire dans cette
maison, où des sommes considérables ont déjà été dépen-
sées pour des travaux incomplets et justement censurés.
Cette allocation, qui suffirait aux besoins de douze ou quinze
départements, pourra néanmoins porter les fruits qui en
sont attendus, si, au lieu de demeurer un simple pensionnat en dehors des dispositions essentielles de la loi nouvelle,
et en contradiction avec son esprit, Charenton, toujours desservi par les praticiens à la tête de la science, prend le rang
que le voisinage de Paris lui assigne, et devient une institution départementale du premier ordre, admettant dans son
enceinte des aliénés pris dans les diverses classes de la société,
condition sans laquelle il ne peut y avoir d'observation de
l'aliénation mentale aussi complète qu'il le faut dans une
institution à laquelle on veut attacher un caractère national.

L'hospice Saint-Jacques, à Nantes, se recommande par
sa situation sur les bords de la Loire, dont les coteaux pitto-
resques se découvrent de toutes les ouvertures pratiquées sur
les façades de deux lignes de bâtiments, construites paral-
lèlement, et qui dominent en terrasse l'une sur l'autre. Cette
différence, dans le nivellement du sol, loin d'être, comme
ailleurs, une cause de difficulté dans le service, est un des
principaux mérites de l'établissement. L'architecte, en opé-
rant sur un terrain incliné en pente douce vers le fleuve, a
été habile à en mettre à profit les avantages. Les bâtiments

d'administration et de service général y sont placés à proximité des quartiers principaux. Les divisions déjà établies, et celles à établir, un médecin à résidence et chargé de la direction disciplinaire, le docteur Bouchet, élève distingué des hôpitaux de Paris, mettent l'hospice de Nantes au premier rang parmi les asiles d'aliénés. Malheureusement une condition essentielle lui manque, la spécialité. Indépendamment des aliénés qu'il renferme, il sert de retraite à des vieillards et à des orphelins des deux sexes.

Nous n'avons dû, on le conçoit, nous attacher qu'aux établissements qui jouissent de la réputation la mieux méritée A ce titre, nous aurions dû parler d'abord de l'asile départemental de Saint-Yon, à Rouen.

Cette maison a été instituée de 1820 à 1826, sous l'administration d'un préfet philantrope, M. de Vanssay, dans un des départements les plus riches de France. Les lumières de M. Esquirol, celles de M. Desportes, les talents d'un médecin d'un savoir éminent, le docteur Foville, ont été mis à contribution; rien n'a donc manqué aux ressources propres à assurer le succès de sa fondation. Les travaux qui ont donné une si haute valeur à cet établissement, de la spécialité la plus rigoureuse, consistent principalement dans l'érection de cinq pavillons disposés en carrés. Tout ce que le goût et l'expérience acquise en fait d'aliénés pouvaient réclamer a été prodigué dans ces constructions. Un immense développement de bâtiments et de vastes offices contribuent encore à imprimer à l'institut de la Seine-Inférieure un caractère de grandeur et de dignité. Néanmoins, nous n'hésitons point de le dire en toute franchise, il lui manque plusieurs conditions inhérentes à un bon asile d'aliénés. La principale, c'est un terrain dégagé de toute entrave, qui puisse s'étendre, selon des besoins qu'il faut prévoir, sur une plaine dégagée d'habitations ou de voies de communication. Cette condition n'existe pas pour l'asile de Saint-Yon qui, bien que situé à l'extrémité d'un faubourg, manque de moyens de se procurer tout l'espace qu'il lui faudrait. La contenance de son enclos, qui est de 70,400 mètres carrés, un peu plus de sept hectares, ne permet point d'y organiser des travaux réguliers d'agriculture auxquels il est nécessaire d'appliquer le plus grand nombre des aliénés. Ce premier défaut a été rendu plus sensible par la disposition des constructions nouvelles qui ont été disséminées sur la surface de l'enclos ; on eût obtenu plus de facilité pour la surveillance et le service général en les réunissant dans un rayon de moindre étendue.

Il est facile de se rendre compte des raisons qui ont conduit à laisser imparfaite une œuvre si bien conçue sous d'autres rapports. L'ancien couvent des frères de Saint-Yon présentait un ensemble de bâtiments fort solides. On s'explique la répugnance des architectes et de l'administration à les mettre bas, à faire table rase, afin de procéder à des dispositions uniformes. Ce parti, qui était vivement appuyé par M. Esquirol, ouvrait à l'établissement une entrée plus digne de son importance et procurait à son intérieur un aspect moins sévère.

Nous ne pousserons pas plus loin cette analyse qui, encore une fois, n'a pour but que de constater combien des principes très arrêtés éprouvent de difficultés pour leur application, même dans les circonstances les plus favorables. Il a été créé, ou amélioré, depuis vingt ans en France, beaucoup d'établissements publics affectés au traitement de l'aliénation mentale. Partout la science a présidé à leur réforme ou à leur constitution ; partout l'œuvre est restée incomplète dans leurs conditions matérielles, et nous allons voir que dans leur administration il y a aussi entre eux une extrême dissemblance et un défaut absolu d'uniformité.

A Saint-Yon, à Rouen, l'administration toute entière est sous la dépendance de l'autorité administrative ; l'asile des aliénés de la Seine-Inférieure a été érigé en hospice départemental par une ordonnance royale du 6 décembre 1820. Cette forme d'établissement est évidemment celle qui offre le plus de garanties pour la sécurité des familles , et pour la surveillance que l'autorité administrative et l'autorité judiciaire sont appelées à exercer.

A vingt lieues de Rouen, à Caen , chez les Sœurs de Notre-Dame-de-Bon-Secours, un ecclésiastique plein de zèle et d'activité, M. l'abbé Jamet, a traité avec le département du Calvados, au nom de la communauté qu'il dirige. Une avance de fonds obtenue du département, des bénéfices considérables sur un pensionnat accrédité, la rétribution qui lui est payée pour chaque aliéné que le département y entretient, d'autres ressources sans doute , lui ont procuré les moyens de donner une grande extension à la maison dont il est le principal moteur, et d'y pratiquer des constructions sur de vastes proportions. En 1834, époque où nous avons visité la maison de Bon-Secours , cet ecclésiastique était allé à Alby , instituer un établissement de même genre.

Ces relations de l'autorité départementale avec une congrégation religieuse se retrouvent pour les sœurs de Saint-Charles de Lorraine, à Maréville près Nancy, et à Fains près Bar-le-Duc. Partout où nous avons eu lieu d'en observer les effets , nous ne pouvons rendre trop de justice au dévouement et à l'humanité de ces femmes consacrées aux actes les plus méritoires de la charité chrétienne. Nous rendons volontiers témoignage à l'intelligence administrative de quelques-unes de leurs supérieures; et néanmoins, dans cette forme d'administration appliquée aux asiles d'aliénés, il existe un vice capital. Si l'on veut bien faire attention à l'absolutisme inséparable du zèle religieux, même le mieux entendu, si l'on estime combien l'autorité qui y puise sa source est exclusive de sa nature, on jugera que de peine celle du médecin, le mobile essentiel de ces établisssements, aura à se maintenir à la hauteur nécessaire pour le plein succès du traitement qui lui sera confié.

Ce que nous venons de dire ici ne s'applique point à l'introduction en général d'une communauté religieuse dans un asile d'aliénés : celui de Rouen est desservi par des sœurs de Cluny, mais elles sont loin d'y être, comme à Caen, indépendantes de l'autorité administrative. Celles-là sont soumises à des réglements sévères, celles-ci sont propriétaires de la chose et souveraines sans contrôle. Nous aurons plus tard à dire quelques mots de l'opinion, qu'après de longues alternatives, nous nous sommes faite de l'emploi d'une communauté religieuse pour un service public d'aliénés, nous n'avions en ce moment qu'à constater la différence entre les deux modes d'administration qui se partagent à peu près les asiles institués dans les départements.

Pour n'oublier aucune des conditions dans lesquelles ils existent aujourd'hui, il me reste à parler des plus reprochables de tous, de ceux où les aliénés sont confondus avec des mendiants ou avec des malades atteints d'affections repoussantes.

A Laon, dans la maison de Montreuil, où un dépôt de mendicité a été conservé, les aliénés tranquilles ne sont point séparés des mendiants reclus. Les aliénés agités sont renfermés dans deux longues galeries où l'air et la lumière n'ont ni un libre accès, ni une circulation facile, ils y sont gardés par des mendiants. L'administration et le conseil-général du département de l'Aisne ont disposé, il y a quelques années, d'un crédit important pour améliorer le sort des aliénés remis à leur protection ; malheureusement des vues si louables n'ont point eu le succès qu'elles méritaient. L'architecte, ainsi qu'il en a été d'ailleurs dans d'autres localités, n'a demandé aucun renseignement sur le service qui était à améliorer, aux médecins où à des confrères compétents dans la spécialité.

Je ne citerai que trois dispositions qui feront juger du résultat. Les fenêtres des cellules, donnant sur la galerie la plus nouvellement construite, s'ouvrent par le dehors, et il faut une échelle pour y parvenir ; deux préaux destinés à servir de promenoirs aux aliénés, et mal établis, sous tous les rapports, sont d'un abord assez peu commode, pour que, dans une visite que j'ai faite à Montreuil au mois d'octobre 1836, j'aye trouvé les preuves les plus évidentes que les aliénés n'y entraient point. Enfin des appareils de chauffage qui, dans une intention louable et bien raisonnée, devaient chauffer la galerie qui donne entrée aux cellules, sont construits de manière à ce que la chaleur se perd toute entière, d'une part, dans les chambres des surveillants, dont elle fait une étuve, de l'autre, à plusieurs pieds sous terre, sous des dalles qui ne s'échauffent point, ou qui, bien certainement, n'échauffent point l'air avec lequel elles sont en contact.

A Châlons-sur-Marne, dans l'établissement même auquel se rattache ce mémoire et le plan présenté, il existait en 1831 une confusion plus grande encore, une appropriation plus vicieuse. Deux cours très-resserrées, séparées seulement par un mur de clôture, réunissaient soixante aliénés des deux sexes, logés dans une trentaine de cellules, pour la majeure partie, tombant de vétusté. Les malheureux qui y étaient entassés n'avaient, pour la plupart, d'autre coucher que de la paille étendue sur le sol. On complétera l'idée de ce qu'avaient pu être, jusque-là, les secours attribués aux aliénés, quand nous aurons ajouté qu'un aliéné agité avait besoin pour aller au bain de traverser la cour affectée à l'autre sexe, et une seconde cour habitée par des prostituées malades.

Il ne nous est pas possible d'aller plus loin sans faire comprendre par quelques détails personnels les circonstances qui nous ont amené à présenter le plan d'un asile d'aliénés, institué sur une échelle aussi étendue que le comportent aujourd'hui le système et les idées reçues pour leur traitement.

Attaché, en 1829, comme médecin adjoint au dépôt de mendicité du département de la Marne, nous nous trouvions à un poste qui se prêtait à une inclination prononcée pour l'étude si attachante de l'aliénation mentale. Néanmoins notre position était nécessairement frappée d'impuissance. Le directeur de l'établissement, M. Vanzut, ancien secrétaire-général de la préfecture de la Marne, étant venu à prendre sa retraite, nous nous sommes décidé, en demandant sa place, à sacrifier une pratique médicale qui n'était ni sans quelque estime pour le moment, ni sans espoir pour l'avenir.

Nous n'avons point tardé à éprouver les avantages de cette nouvelle position. Une confusion inévitable dans les services d'une maison qui, renfermait pêle-mêle des mendiants, des indigents, des malades des deux sexes en traitement d'affection vénérienne ou de la peau et des insensés, devait inévitablement donner lieu à des récriminations à chaque session du conseil-général du département. Chaque année les plaintes étaient plus vives, et néanmoins elles demeuraient stériles ; car le mal tenait à la nature même de l'institution , il n'y avait qu'un changement de destination , une réforme absolue qui put y porter remède.

Nous avons obtenu de notre qualité d'administrateur un accès facile près de l'autorité pour des propositions d'amélioration , d'autant mieux écoutées qu'elles étaient un des devoirs des fonctions auxquelles nous étions attaché. Nous sommes redevable à notre titre de médecin d'avoir pu propager sans peine une conviction pour les vues que nous avons eu à émettre, d'autant plus ferme qu'elle s'appuyait de la connaissance des principaux établissements publics ou privés d'aliénés de Paris , de l'ouest et de l'est de la France. Enfin cette réunion de deux moyens d'action , ordinairement séparés , nous a valu une confiance que nous eussions difficilement obtenue avec des titres bien supérieurs en l'une ou l'autre qualité. Nous devons tenir compte , avant tout, de l'esprit public d'un département avec lequel s'est identifiée la longue et heureuse administration de M. le vicomte de Jessaint. L'appui de ce magistrat a toujours été acquis à nos tentatives, pour améliorer le sort des infortunés remis à notre surveillance , quand il ne les a point provoquées. On se persuadera aisément qu'à propos de la réforme complète d'un établissement considérable , et à l'égard d'idées qui, encore aujourd'hui sont loin d'être partout bien comprises , il ait dû s'élever des préventions, des obstacles de plus d'un genre , mais il s'est toujours rencontré au sein des commissions administratives et de surveillance avec lesquelles nous avons été en rapport , particulièrement au sein du conseil général du département , dont les éléments ont changé à plusieurs reprises depuis 1830 , une unanimité remarquable et quelquefois le plus honorable empressement pour faire fructifier des vues qui ne s'appuyaient souvent que du plus simple exposé.

Le dépôt de mendicité de la Marne a été converti en hospice départemental, par une ordonnance royale du 4 avril 1834. Dès avant cette époque s'étaient révélés les avantages d'une localité complétement méconnue et que nous n'hésitons point à regarder comme la plus propice à un grand service d'aliénés parmi toutes celles que nous avons visitées.

La circonspection apportée à cette conversion n'a point permis de renvoyer, comme il a été fait à Rouen, en 1820, les indigents qui encombraient l'établissement, sans rien ôter de son activité à la mendicité du dehors. Réduits aujourd'hui à un nombre peu considérable par le cours de la mortalité, ils peuvent être, sans grande difficulté, l'objet de mesures où l'intérêt particulier, auquel il faudra satisfaire, se conciliera avec l'humanité et avec les droits que la charité dont l'administration a usé jusqu'ici à leur égard peut leur avoir acquis.

Des ménagements analogues envers un autre intérêt, qui est beaucoup plus de police administrative que de philantropie, ont décidé l'institution d'un hospice mixte au lieu d'un hospice spécial. On a conservé des quartiers pour le traitement des affections vénériennes et de la peau. Il y a habituellement une trentaine de malades dans les infirmeries attribuées à ce service. Presque tous appartiennent à la ville de Reims, qui a besoin encore d'adopter des mesures particulières pour arrêter la propagation de ces maladies contagieuses dans les ateliers où sa riche industrie entretient une nombreuse population. Cette ville pour laquelle l'hospice de Châlons est insuffisant, donnera suite probablement au projet dont son administration s'est déjà occupée, de constituer dans son enceinte des moyens de traitement pour les maladies vénériennes et cutanées, auxquels peut concourir le département par une subvention proportionnelle à celle que le budget a supporté chaque année pour ce service.

Ce que nous venons d'exposer touchant le défaut d'uniformité dans l'administration des secours publics pour les aliénés, n'avait point échappé à l'attention du Gouvernement. Au moment où il préparait les bases d'une législation nouvelle pour améliorer leur sort, il était nécessaire d'avoir une connaissance exacte de l'état des établissements qui les renfermaient. Rien n'y était plus propre que la création d'un inspecteur général des maisons affectées à cette destination.

M. le docteur Ferrus, médecin en chef de Bicêtre, chargé de cette haute mission, a visité celle confiée à nos soins, au mois de septembre 1836. Nos vues, à ce moment, étaient loin de la direction et de l'extension qu'elles ont aujourd'hui, elles se bornaient à pousser plus avant les améliorations déjà obtenues, en mettant à profit pour de nouvelles dépenses les ressources obtenues de l'institution d'un pensionnat. A cet égard, nous avons obtenu le résultat désiré.

L'honorable praticien, chargé de seconder le ministère dans ses intentions charitables, insista près de M. le préfet du département pour qu'il fût dressé un plan général, qui mît à même de juger de l'esprit d'amélioration qui présidait à la réforme absolue et dans des idées toutes nouvelles d'une maison déjà fort ancienne. Des raisons particulières ne nous avaient point permis encore de faire co-ordonner ce plan dont nous possédions les éléments, et auquel s'étaient rattachées les constructions nouvelles.

Sur ces entrefaites, la présentation du projet de loi sur les aliénés, l'exposé des motifs de M. le ministre de l'intérieur, le rapport des commissions et la discussion de la loi dans les deux chambres, cette collection de longues et consciencieuses recherches, ces vues si éclairées, si pleines d'humanité, si conformes à l'expérience de tous les médecins attachés à cette spécialité de leur art, nous ont conduit à opérer sur des proportions plus étendues; le terrain qui avoisine l'établissement nous a donné une grande facilité pour faire dresser le plan général que nous joignons à ce mémoire.

Ce plan a été soumis au conseil des bâtiments civils et a fait l'objet de plusieurs rapports, il a été satisfait dans l'esquisse que nous présentons aux modifications essentielles, réclamées par ce conseil et par M. le ministre de l'intérieur. Elle suffira, nous l'espérons, à l'appui des développements dans lesquels il nous reste à entrer. Nous y avons réuni divers documents que nous croyons utiles à une œuvre dans laquelle nous ne pouvons nous défendre d'avoir quelque confiance.

Nous soumettons ce travail à des médecins et à des administrateurs, à des hommes tout à la fois de science et d'action, de méditation et de pratique; nous demandons à ceux d'entre eux qui n'ont point eu encore à s'occuper des moyens possibles de soulagement pour des infortunés dignes de tout leur intérêt, de vouloir bien nous accorder une bienveillante attention ; nous leur demandons franchement de nous juger sans prévention. Nous réclamons avec ardeur les conseils et le contrôle de ceux qui, déjà, ont appliqué leurs pensées et leurs recherches à la solution d'un problème important de médecine et d'économie sociale. Nous même en écrivant, nous n'avons point voulu perdre de vue cette vérité, que dans la conception et la communication d'un projet, quel qu'il soit, il ne suffit point que l'imagination de l'auteur ne se soit point laissé entraîner au-delà des limites du possible, qu'il faut qu'il se soit réduit à ce qui est facile; qu'il n'aura rien fait encore, après s'être préparé une conviction intime et absolue, s'il ne prend les moyens

2

de la faire partager par des personnes nécessairement moins pénétrées que lui de la matière dont il s'est occupé, et qui ne se rattacheront aux vues qu'il présente, qu'autant qu'il leur sera démontré surabondamment, qu'il y a dans leur mise en pratique : utilité, possibilité, facilité d'exécution.

§ II.

De l'Association départementale considérée d'après la discussion de la loi sur les Aliénés, comme le seul moyen de parvenir à une constitution satisfaisante des asiles qui leur sont consacrés.

Rapports entre les départements dont l'association est proposée.

———

La loi sur les aliénés, promulguée le 30 juin 1838, avait été présentée à la chambre des députés le 6 janvier 1837. La lenteur et la maturité apportées dans son examen font apprécier la gravité des questions qu'elles soulevait.

Elle touche en effet à des principes de droit général, de juridiction judiciaire, de juridiction administrative, de médecine, qui s'y entrelacent et y forment comme un labyrinthe dans lequel il était prudent de ne point s'engager à l'aventure. Aussi le gouvernement et les chambres, bien qu'ayant pris un soin scrupuleux de faire éclairer la route par les lumières dont ils ont voulu s'entourer, n'ont-ils adopté les dispositions capitales de la loi, qu'avec une réserve et un esprit de ménagement, qui laissera une part importante dans le bienfait qu'il faut en attendre, à la charité des conseils-généraux qui vont en faire l'application.

Nous nous contenterons, pour faire ressortir les principes auxquels cette application se trouve subordonnée, d'une analyse succincte des opinions que nous croyons le plus capables de faire apprécier l'esprit qui a présidé à la discussion dans les deux chambres.

Un passage du premier rapport de M. Vivien à la chambre des députés, indique avec une extrême clarté et une grande précision quel but l'autorité administrative et l'autorité législative se proposaient d'atteindre.

« Les établissements actuels ne satisfont pas aux conditions prescrites par l'humanité et indiquées par la science; plusieurs départements n'en possèdent aucun qui soit à leur portée et qui réponde à leur besoin. Ailleurs ils sont trop nombreux. Il convient de pourvoir à leur distribution plus régulière sur les divers points du royaume; ils doivent être assez étendus pour remplir leur destination, sans entraîner dans de trop grandes dépenses.

Le produit des pensions payées par les malades, ou accordées soit par les départements, soit par les communes, doit suffire à payer les frais nécessairement considérables de ces institutions spéciales. Il faut, en effet, que de vastes terrains leur soient abandonnés, que de nombreux gardiens veillent la nuit et le jour à la sûreté des malades, que des divisions nombreuses permettent d'affecter des quartiers à chaque classe, aux furieux, aux maniaques, aux convalescents, aux épileptiques, que les sexes, et autant que possible, les âges soient entièrement séparés, que le service médical soit organisé sur de larges bases, qu'à cet effet le traitement accordé à l'homme de l'art lui permette de se consacrer exclusivement à l'établissement dans lequel il sera tenu de résider : telles sont les conditions générales que la raison indique aussi bien que la science. Elles sont nécessairement coûteuses, et elles s'opposent à ce qu'un trop grand nombre de maisons soient ouvertes : 3oo malades au moins et 5oo au plus, doivent être placés dans chacune ; ce nombre exige la réunion de plusieurs départements pour un seul établissement, et cette réunion ne peut s'opérer si le Gouvernement n'use de toute son influence pour y faire concourir toutes les volontés. » (*Séance du* 18 *mars* 1837).

Des efforts persévérants et couronnés de succès sur plusieurs points importants, tendaient à obtenir de prime-abord l'organisation désirée dans les établissements affectés au traitement de l'aliénation mentale ; de graves et légitimes considérations touchant des intérêts existants, n'ont point permis de donner à la loi toute la portée qu'elle devait avoir.

Ces intérêts se rattachent à des corporations religieuses dont les établissements ont rendu de véritables services, aux localités qu'elles desservaient à une époque où les aliénés n'étaient, en aucun endroit, soignés convenablement.

Deux des départements que notre plan embrasse, ont des rapports établis avec une institution de cette nature ; bien que ces rapports, attendu la distance qui les en sépare, semblent avoir peu d'importance, c'est une raison pour nous d'y avoir quelque égard dans l'exposé qui va suivre.

La liberté d'action des conseils-généraux est bien établie dans l'extrait d'une des délibérations de la chambre des députés qui appartient à la dernière période de la discussion de la loi.

M. le président. — « M. Calemart-Lafayette restreint son amandement au paragraphe 2, qui est ainsi conçu :

Les traités passés avec les établissements publics ou privés, préparés par les préfets, adoptés par les conseils-généraux, devront être approuvés par le ministre de l'intérieur.

M. le rapporteur. — Il est bien évident que les traités seront passés de l'aveu des conseils-généraux; c'est le conseil-général qui vote la dépense, et nécessairement il délibérera sur le traité.

M. Billault. — J'ai une observation à faire sur l'amendement quant à sa portée; c'est une observation toute de pratique. Remarquez quelle est la valeur du texte que vous allez consacrer : vous imposez à chaque département l'obligation de créer un établissement public pour traiter les aliénés, ou de s'entendre avec un département voisin pour cet objet.

Dans la pratique, je crains que l'administration ne soit pas armée de l'influence nécessaire pour qu'il soit fait un bon usage de cette faculté d'option.

Pour qu'un établissement d'aliénés puisse être bien et à la fois économiquement constitué, il faut un nombre assez étendu de malades. En pareille matière, les petits établissements coûtent cher et n'offrent point de ressources médicales; et cependant il est à redouter que bien des départements qui n'ont pas actuellement d'établissement formé ne soient, par un esprit de localité et de rivalité malheureusement trop fréquent, portés à préférer à l'association la coûteuse satisfaction d'un établissement isolé et local.

Vous avez déjà, dans un autre ordre de choses, un exemple de ce danger. La loi, qui avait autorisé chaque département à établir des écoles normales, leur accordait aussi la faculté d'option entre l'association ou la construction, que je dirai presque individuelle. Eh bien, sans doute, plusieurs départements, comprenant bien leur intérêt et celui de la création à faire, se sont associés, mais combien d'autres, préférant l'isolement, ont fait des dépenses énormes pour des écoles mal établies, peu nombreuses, et qu'il faudra tôt ou tard fermer, pour en revenir à l'association ! La même difficulté se représentera à l'occasion des établissements consacrés aux aliénés. Bien des départements voudront avoir chacun le sien ; ou s'ils veulent s'associer pour en élever un à frais commun, ils ne pourront s'entendre, soit sur les conditions, soit sur la fixation du département où devra être établi le local. Chacun voudra avoir la suprématie et le bénéfice d'être le département central. L'on s'entendra difficilement. De conseil-général à conseil-général, même par l'intermédiaire du préfet, les négociations ne seront pas aisées ; l'esprit de localité s'en mêlera, et le but de la loi ne sera pas suffisamment ni convenablement atteint.

Je pense donc qu'il serait nécessaire de renvoyer à la commission le remaniement de cet article, en ce sens que les amendements proposés ne répondent pas au besoin signalé ; mais que, cependant, il y a peut-être quelque mesure à prendre afin d'armer l'autorité publique de l'influence nécessaire pour prévenir le danger que je viens de signaler, et amener les départements à préférer les bienfaits de l'association à l'impuissance de l'esprit de rivalité et d'isolement.

M. le ministre de l'intérieur. — Je n'ai qu'un mot à dire sur ces observations dictées, je le reconnais, par un excellent esprit : c'est que l'administration fera tous ses efforts pour amener les départements à cet esprit d'association dont on parle, mais quant à trouver les moyens, en quelque sorte coërcitifs, pour les forcer à s'associer entre eux, nous croyons

que c'est chose tout-à-fait impossible. La loi a pu imposer
aux départements le devoir de traiter les aliénés ; mais ensuite, les traitera-t-on dans l'établissement du département
ou dans l'établissement d'un département voisin, dans un
établissement communal ou dans un établissement privé ?
C'est là une question qui doit être laissée à la délibération
des conseils-généraux ; c'est là que se produit leur liberté.
Nous pensons toutefois que le bon esprit qui a dicté les observations de l'honorable membre se reproduira dans ces as-
semblées, et qu'elles sentiront qu'il leur serait impossible
d'instituer dans chaque département un bon établissement
d'aliénés. A cet égard, nous ne pouvons que faire appel à
toutes les forces de la persuasion ; mais encore une fois, il est
impossible de mettre dans la loi des dispositions qui donnent
sur ce point au Gouvernement un droit de coërcition. »

(Séance du 13 avril 1838).

La question à débattre nous paraît se balancer exclusivement entre le choix d'une institution privée et l'organisation
à frais communs d'un établissement public. Nous considé-
rons comme suffisamment éclairée par ce que nous repro-
duisons des débats des chambres, et par le développement
de notre mémoire, celle d'un établissement pour un seul département.

Les opinions qui, sur ces divers points, se produiront au
sein des conseils-généraux, ont déjà été exprimées dans les
chambres. Nous ne pouvons mieux faire que de retracer
les avis qui ont eu le plus de force pour empêcher les termes
de la loi d'être plus absolus dans le sens de notre opinion personnelle. Nous donnons la première place au discours tex-
tuel d'un honorable orateur de la chambre des pairs, qui
a reproduit avec une fidélité scrupuleuse les opinions débat-

tues dans la commission. Ce discours peut résumer le savant
rapport de M. le marquis de Barthélemy.

M. le vicomte de Villers du Terrage. — « Messieurs, la sa-
gasse du roi avait à peine rendu le repos au pays, que, saisis-
sant avec une opportune activité le moment de se livrer à des
travaux pacifiques, le Gouvernement s'occupait de combler
les lacunes de notre législation.

Dans les codes de tous les peuples policés, l'esprit du
christianisme et la marche du temps en avaient fait décou-
vrir avec étonnement une que des siècles peu reculés avaient
à peine aperçue. Avertis par de graves atteintes portées à la
paix de la société, l'Angleterre avait donné l'exemple de
faire subir au régime des aliénés une réforme entière. La
France ne tarda pas à la suivre de près. Le conseil-d'état,
les chambres législatives, éclairés par les avis des administrateurs les plus consommés, des médecins les plus habiles,
s'emparèrent avidement de cette question. Un projet de
loi fut rédigé; le temps vous a manqué pour l'adopter pendant le cours de la session dernière. Soumis à une nouvelle
et lente élaboration, ce projet revient aujourd'hui sous vos
yeux.

Comme moi, vous aurez lu plus d'une fois, Messieurs, le
beau travail de M. le marquis de Barthélemy. Entraînés,
comme moi, par le vif intérêt qu'il inspire, vous n'en aurez
pas, au premier coup-d'œil, peut-être saisi toute l'étendue,
apprécié tout le mérite; une seconde lecture n'aura pas manqué de vous les révéler. A ce rapport si riche en développements, à l'exposé dont notre honorable collègue vient de le
faire suivre, je n'aurais donc rien à ajouter, Messieurs, sans
la circonstance particulière qui m'oblige à prendre la parole,
à resserrer dans un cadre étroit quelques considérations

d'une haute importance, à les soumettre, ainsi détachées du rapport général, à votre jugement.

Lorsque, sur la disposition capitale de la loi qui vous est soumise, un débat sérieux s'est engagé, s'est même long-temps poursuivi, Messieurs, entre les membres de votre commission, ayant eu l'honneur de lui appartenir, j'ai cru de mon devoir de chercher, sinon à prévenir, du moins à concilier, autant qu'il pourrait dépendre de mes faibles efforts, la diversité d'opinions qui peut-être, sur un plus grand théâtre et avec plus d'éclat, viendrait à se reproduire au sein de cette assemblée.

Essayons de poser nettement la question.

Chaque département, tenu d'avoir un établissement pour recevoir les aliénés, ou de concourir avec les départements limitrophes pour arriver à en former un, pourrait-il, en attendant cette création, traiter avec un établissements de même nature, ou public ou privé ?

Jusque-là nous avons tous été du même avis.

Mais, nous sommes-nous demandé un peu plus tard : Si ce département, n'ayant pas une maison qui lui appartienne en propre, vient à traiter avec un établissement privé, ne pourra-t-il le faire qu'à la condition rigoureuse de contracter cet engagement pour un temps limité, pour dix ans au plus, par exemple ?

Ici a commencé et commence fort sérieusement le partage des opinions contraires.

Tandis que la majorité de votre commission, à laquelle j'ai cru devoir me réunir, se prononçait contre toute restriction, nous avions le malheur de compter parmi nos adversaires des hommes dont le nom fait autorité, des hommes dont le savoir et la philantropie devaient tenir, pendant bien des heures, nos esprits dans le doute.

Tous nous reconnaissions l'avantage des établisse-
ments publics ; tous nous étions d'avis que, pour en
former un, chaque département fît les derniers efforts,
ou du moins que, pour atteindre le même but, plusieurs
départements, rapprochés l'un de l'autre, missent au
plus tôt en commun la masse des sacrifices qu'ils croi-
raient pouvoir s'imposer.

Mais venait-on à comparer entre eux les établissements
publics et les établissements privés, la divergence des opinions était complète. Deux de vos membres, les plus distin-
gués par leurs travaux scientifiques et leur expérience, dé-
niaient aux établissements privés le mérite des établissements
publics. Ce n'était, disaient-ils, qu'en traitant avec eux
pour un temps limité, qu'en les contraignant par cette restriction à se transformer eux-mêmes en établissements publics,
que l'on pouvait sans inquiétude contracter un engagement
avec leurs chefs.

Les motifs les plus sérieux étaient mis en avant pour appuyer cette assertion. Dans les établissements privés, affir-
mait-on, on ne pouvait trouver ni les secours, ni les garanties, ni les heureux résultats qu'offraient les établissements
publics. Les hospices de Bicêtre et de la Salpétrière étaient
pris pour exemple. Avec quel avantage, dès lors, nos adversaires ne pouvaient-ils pas ébranler notre conviction en
nommant les hommes de l'art qui, pour le bonheur de
l'humanité, dirigent ces hospices, en esquissant à grands
traits, avec la vigueur de leur pinceau, l'admirable régime
de ces grandes maisons, en chiffrant le nombre des guérisons obtenues !

Ce n'était pas sans peine que nous pouvions nous défendre
de cette séduction. La froide réflexion venait jeter pourtant
quelques ombres sur ce tableau, tout brillant qu'il était.

De combien de temps, nous disions-nous, ces établissements colossaux et modèles n'ont-ils pas été l'œuvre ? Après
ceux de Rouen, de Nantes et de Strasbourg, en est-il beaucoup en France que, même dans des proportions moyennes,
on puisse leur comparer ? Si l'on ne peut arriver de long-
temps à leur perfection, doit-il être interdit à des établissements privés de faire, pour en approcher, de patients,
de courageux efforts ?

Et, de doute en doute, poursuivant notre examen, gui-
dés par le lumineux travail, par les infatigables investiga-
tions, par les fructueux voyages de votre rapporteur, nous
arrivions à reconnaître que, parmi les établissements privés,
il en était aussi qui, sans trop de désavantage, pouvaient
se présenter, même après Bicêtre et la Salpétrière.

Dans le Calvados, dans la Meurthe, de vastes et belles
maisons avaient été fondées par la piété publique. Les plus
habiles praticiens des contrées où elles existaient se faisaient
un honneur de les diriger. Les registres d'entrée et de sortie,
le contrôle des aliénés, la description du traitement auquel
ils étaient soumis, le narré de la marche de leurs affections,
ne laissaient rien à désirer à l'autorité administrative. De
nombreuses cures auraient aussi déposé du mérite de ces
maisons, auxquelles la voix publique rendait, d'ailleurs, un
éclatant hommage, si, comme vous l'a si bien dit votre rapporteur, la statistique des cures, en fait d'aliénation mentale, était de quelque valeur, comme s'il n'était pas facile
d'assurer, presque toujours, à la première vue, que tel
individu, dont le cerveau fiévreux a conservé du ressort,
donne l'espérance fondée de revenir à la raison, que tel
autre, tombé dans un état habituel d'idiotisme ou d'affais-
sement moral, est inguérissable à jamais.

Dès lors ne devient-il pas évident que, quel que soit le

caractère public ou privé de ces établissements, la grande échelle sur laquelle ils se forment devient la meilleure garantie de leurs succès ? Ce but n'est-il pas celui vers lequel nous devons marcher ? Toutefois, en attendant que nous y parvenions, s'il est impossible aujourd'hui d'obtenir davantage, devrons-nous, pendant un long temps encore, renoncer à obtenir un peu moins ?

Mais, me répondra-t-on : Nous ne prétendons pas détruire ces établissements privés. Pendant dix ans même on veut bien traiter avec eux.

Je maintiens, à mon tour, que n'admettre ces maisons que comme moyen transitoire, c'est marcher à leur destruction, que c'est agir contre le véritable intérêt des aliénés indigents, car jamais les secours ne manqueront aux riches.

C'est marcher à leur destruction, ai-je dit. Quel homme habile voudra désormais lier son sort à celui d'un établissement menacé de n'être qu'éphémère ? Et tandis qu'un zèle pieux s'efforce de les multiplier, à quel découragement n'exposez-vous pas la charité chrétienne ? Quand elle a triomphé du préjugé qui voulait que le secours de la religion fût un dangereux auxiliaire du secours de la médecine, quand il est démontré que la présence des sœurs, que la visite du pasteur, que celle du magistrat versent un baume salutaire sur la plaie de ces affligés, irez-vous, en n'acceptant le bienfait du présent que provisoirement et avec des réserves, clouer, peut-être, celui de l'avenir aux mains du bienfaiteur ?

C'est agir, ai-je dit encore, contre le véritable intérêt des aliénés indigents. Pendant que vous verrez dépérir et s'éteindre peu à peu les maisons de secours privés qui ne seront pas d'avance soutenues par de puissantes fondations, avec quelle lenteur peut-être ne vont pas s'élever les établisse-

ments publics que vous projetez de créer à si grands frais !
Qui d'entre nous ignore avec combien peu de faveur, pour
ne pas dire davantage, quelques conseils généraux, souvent
bien fondés à le faire par l'exiguité de leurs ressources, comparée à la multiplicité de leurs charges, accueillent la proposition de dépenses aussi considérables ? Ces conseils généraux, organisés, fractionnés cantonnalement comme ils le
sont, n'ayant peut-être pas repris suffisamment encore ce
généreux esprit d'ensemble auquel j'ai dû, pendant ma car-
rière administrative, tant de reconnaissance, ces conseils
généraux agiront-ils plus largement aujourd'hui ? Pour
vaincre leurs préventions souvent justifiées, vous n'avez
d'autre arme que la persuasion. Contre combien de difficultés réelles ne la verrez-vous pas s'émousser ! Je ne veux
parler que de celles qui naîtront des moyens si faciles d'a-
journer et d'éluder, et de celles plus grandes encore qui
résulteront du peu d'accord qui se rencontrera entre les
ressources et les efforts de plusieurs départements obligés
de confondre des intérêts presque toujours contraires.

Ayons, Messieurs, un soin plus prévoyant des malheureux dont le sort nous occupe aujourd'hui. En laissant à
l'avenir le soin de faire éclore et de mûrir les fruits de cette
loi, acceptons les faits accomplis. N'inquiétons pas un seul
des asiles que la Providence a ménagés jusqu'à ce jour à ces
infortunés. Efforçons-nous plutôt de les multiplier, de les
encourager à s'agrandir, à se déployer dans les larges proportions qui les rendront de plus en plus utiles. Respectons
leurs statuts, gardons-nous de toucher aux bases de leurs
fondations. Votre confiance enhardira les plus humbles d'entre eux, si toutes les formes légales ne les ont pas sanction-
nées encore, à s'en revêtir avant peu ; et, peut-être d'ignorés
qu'ils étaient, les verrez-vous se développer bientôt, avec

une magnificence utile, sous le beau caractère d'établissement public.

Ainsi nous avancerons plus rapidement vers le but que se
propose une loi toute de bienfaisance ; ainsi nous fonderons
sur les sentiments les plus chers à l'humanité une loi dans laquelle toutes les garanties contre l'arbitraire se trouvent
d'ailleurs accumulées avec un luxe qui pourrait, en 1838,
passer pour excessif. Ainsi, certainement encore, vous épar-
gnerez à plus d'un département une grande partie des dépenses que, sans cette tolérance, il aurait à supporter.

Je vote pour le projet de loi présenté par le ministère et
amendé par la commission. » (*Séance du 7 février 1838*).

La question est donc résolue sous le rapport du traitement
le plus conforme à la science. Nous avons établi plus loin
quelles sont les conditions du traitement. On y verra que la
principale est une discipline générale qui, sous le rapport de
la modération et de la douceur, a une garantie certaine dans
un établissement public sous la direction d'un médecin, car
cette douceur et cette modération rentrent à tel point dans le
traitement que le praticien qui y a sa réputation attachée, à cet
égard ne peut faillir ; nous y trouverons que la régularité de la
discipline médicale est nécessaire à un égal degré. Cette régularité réglementaire sera-t-elle obtenue comme il convient dans
les institutions religieuses ? Un de leurs partisans les plus dé-
voués, M. de Montalembert répondra pour nous : « Je demande à dire quelques mots en réponse à M. le baron Pelet.
Je suis persuadé que cette direction uniforme qu'il réclame
est des plus funestes, au moins pour les établissements religieux. Je fais une distinction fondamentale entre les établissements régis par les lumières de la science, de l'administration, et ceux régis par l'esprit de la charité. La science se

prête parfaitement à l'unité, à la régularité ; la charité ne s'y prête nullement. Lorsqu'on voudra soumettre à des règles venues de Paris des établissements formés par des congrégations religieuses, chacune dans des esprits différents, et n'ayant d'unité entre elles que cette charité chrétienne qui vaut bien l'unité ministérielle, on ne fera rien de bon. Vous ne pouvez pas réglementer ni administrer la charité, pas plus que vous ne pourriez l'inventer, vous ne pouvez que la tuer, la bouleverser, par des mesures imprudentes, comme on l'a fait dernièrement pour tous les hospices et les enfants trouvés : et voilà ce que je redoute pour les aliénés. »

(*Séance du 7 février* 1838).

Reste la considération des dépenses des établissements religieux comparée à celles des institutions du domaine de l'autorité publique. Les premiers sont-ils plus économiques ? c'est l'opinion générale ; elle est formellement exprimée par des orateurs de la chambre élective.

M. Dufaure. — « Je crois que plus la chambre y réfléchira, plus elle se persuadera qu'elle doit faire autre chose que de dire que les établissements publics consacrés aux aliénés seront placés sous l'autorité du gouvernement ; elle doit aller plus loin et organiser une création d'établissements publics pour recevoir les aliénés.

C'est donc la première pensée qui m'a préoccupé, et que je crois devoir exprimer en tête du projet de loi ; en tête des dispositions relatives aux établissements publics d'aliénés.

Maintenant, qui devra créer ces établissements ? Sera-ce l'état, comme le demande l'honorable M. Calemard-Lafayette ? Seront-ce les communes ou les départements ? J'ai cru qu'il y avait de grands inconvénients à laisser à la charge de l'état le soin de créer ces établissements. J'ai cru qu'il y avait des inconvénients plus graves encore à mettre leur création à la charge des communes; mais il m'a paru que les départements, que l'autorité départementale, que le budget départemental, que le conseil-général du département étaient admirablement propres pour la création des hospices d'aliénés. Voilà pourquoi j'ai demandé, par l'art 1er que je propose, que les établissements fussent créés par les départements. Et néanmoins j'ai bien prévu qu'il était possible que la charge imposée à un département fût trop onéreuse; qu'un hospice d'aliénés ne fût pas nécessaire pour chaque département ; qu'ai-je dû faire alors ? J'ai dû faire ce que vous avez fait dans la loi d'institution primaire, dans la loi de juin 1833; quand vous avez voulu créer des écoles normales primaires, vous avez prévu le même inconvénient qui est ici signalé, et vous avez autorisé la création de ces écoles aux frais communs de plusieurs départements; c'est là une des dispositions de la loi de 1833.

Eh bien ! faites pour les hospices d'aliénés ce que vous avez fait pour les écoles normales primaires. C'est également un objet d'intérêt public, une dette sociale, et je vois là un motif suffisant pour que plusieurs départements réunis s'imposent la charge de recevoir des aliénés dans les établissements qu'ils ont créés.

Tel est l'amendement que je présente, et qui, à mon avis, devrait former l'article 1er du projet de loi.

Voici cet amendement :

Chaque département sera tenu d'avoir un établissement public destiné à recevoir les aliénés. Néanmoins plusieurs départements pourront se réunir pour fonder et entretenir un seul établissement. Les conseils-généraux délibéreront sur la réunion. *Elle sera autorisée par une ordonnance royale qui en déterminera les conditions.*

Quant à la dernière disposition, elle est encore imitée de la loi de juin de 1833 : les réunions de départements, pour les écoles normales primaires, sont autorisées par ordonnances royales, après délibération des conseils généraux intéressés.

Tel est l'article que je propose, et je prie la chambre de l'adopter.

M. Goupil de Préfeln. — Je crois qu'il y aurait un inconvénient très-réel à imposer à chaque département l'obligation d'avoir une maison d'aliénés, à laquelle on imprimerait un caractère public, et cet inconvénient le voici : Il existe dans plusieurs départements, et notamment dans celui du Calvados, des établissements de ce genre qui sont restés en dehors de l'administration, en ce sens qu'ils sont administrés par des particuliers ou par des congrégations religieuses.

Ces établissements suffisent parfaitement à tous les besoins. Les départements y placent les indigents et les personnes dont la démence est telle qu'elle pourrait troubler l'ordre public. Et maintenant qu'il existe déjà des maisons qui suffisent à tout ce que désire l'humanité, vous obligeriez les départements à fonder des établissements pour leur compte, c'est-à-dire que vous leur imposeriez une dépense immense. Il ne faut pas se le dissimuler, *les établissements fondés par l'administration coûtent dix fois plus que les établissements fondés par les particuliers, et, surtout quand il s'agit des aliénés, il y a des établissements religieux qui sont régis d'une manière admirable et qui se contentent d'une pension modique; tandis que les établissements fondés par l'administration entretiennent un état-major qui serait extrêmement onéreux pour tout le département.* A dieu ne plaise que je veuille conclure de là qu'il ne faut pas fonder d'établissements de ce genre pour les départements où il n'y aurait pas d'établissements privés suffisants.

L'administration doit pourvoir à un besoin que réclame l'humanité, mais imposer aux départements l'obligation absolue de fonder des maisons, lorsqu'il en existe déjà qui satisfont à toutes les conditions et à tous les besoins, je vois là un inconvénient sans compensation.

M. Vivien, rapporteur. — Messieurs, la commission a délibéré sur l'amendement de l'honorable M. Dufaure, qui lui avait été renvoyé par la chambre. Elle a pensé que le principe qui a servi de base à cet amendement était de nature à être adopté, qu'il était bon qu'il trouvât sa place dans la loi; mais en même temps il lui a paru que les termes dans lesquels était conçue la proposition de M. Dufaure étaient trop absolus; que d'une part il semblait en résulter d'une manière trop formelle que tout département pourrait être obligé d'avoir, dans la plupart des cas, pour lui seul un établissement d'aliénés; que, d'autre part, l'honorable M. Dufaure n'avait rien réglé pour le cas où le département ne formerait pas l'établissement qu'on désirerait voir s'élever sur son territoire.

C'est en présence de cette double difficulté que semblait soulever l'amendement, que la commission a préparé une nouvelle rédaction que je suis chargé de vous soumettre en son nom :

« Chaque département sera tenu, soit par lui-même, soit en se réunissant avec d'autres départements, d'avoir un établissement public destiné spécialement aux aliénés.

» Les conseils généraux délibéreront sur la réunion. Cette

réunion devra être autorisée par ordonnance royale. Jusqu'à la formation d'établissements publics pour les aliénés sur les divers points du royaume, le préfet, dans le département où il n'en existera pas, passera un traité avec les établissements spéciaux pour les admissions des aliénés à la charge du département.

» Ce traité sera fait sur l'avis du conseil général, et sous l'approbation du ministre de l'intérieur. »

M. Quinette. — Messieurs, la commission a fait observer sur l'amendement de M. Dufaure, que la prescription qu'il renfermait était trop formelle, et qu'il imposait aux départements l'obligation trop stricte de créer des hospices pour les aliénés.

En reconnaissant les inconvénients de l'amendement proposé par M. Dufaure, la nouvelle disposition de la commission les laisse subsister entièrement; car, ainsi que celle de M. Dufaure, elle établit en règle formelle que tous les départements devront avoir des établissements publics, soit pour le département spécialement, soit en commun avec d'autres départements. La commission ne fait droit en rien aux objections présentées contre les conséquences graves qu'une mesure de ce genre entraînerait pour les finances du département, et sur l'utilité qu'il pourrait y avoir de laisser un département traiter avec des établissements privés. Les établissements privés offriront toute espèce de garantie, parce qu'ils seront sous la surveillance du Gouvernement; ils auront aussi l'avantage d'assurer le traitement des aliénés à des conditions moins onéreuses. Or, le but de la loi, qui est d'assurer le traitement des aliénés et d'empêcher que ces aliénés soient abandonnés, serait également atteint par une disposition qui laisserait à tout département la faculté d'avoir un hospice pour les aliénés, ou de les envoyer à l'hospice du département voisin, ou de traiter à cet effet avec des établissements privés.

Dans ces établissements, en effet, le traitement des aliénés pourra ne coûter au département qu'une dépense de 300 à 400 fr., tandis que pour des constructions, des frais de personnel qu'entraîne un établissement public, on donne lieu à une dépense de 7 à 800 fr. Je proposerai donc une rédaction ainsi conçue :

Chaque département sera tenu d'avoir un établissement public destiné à recevoir les aliénés, ou de traiter avec un établissement public ou privé qui s'engagera à les recevoir.

Par suite de cette disposition, une latitude entière et juste est laissée aux départements ; et la loi suffisant entièrement aux besoins qu'elle a en vue, chaque département créera un établissement pour son compte ou traitera avec un établissement public ou privé. Je crois que cet amendement contient toutes les précautions, toutes les garanties nécessaires ; il laisse également aux départements toute la latitude nécessaire pour leurs intérêts. Je prie la chambre de vouloir bien l'adopter. » *(Séance du 3 avril 1837).*

Les sympathies de M. Goupil de Préfeln, pour l'établissement de son département, sont justifiées, nous aimons à le reconnaître, par les services rendus au Calvados, par la congrégation du Bon-Sauveur ; mais nous dirons à propos des asiles entretenus pour le compte de congrégations religieuses, que si les établissements dépendant de l'autorité publique sont encore très-imparfaits, ceux-là ont aussi de notables imperfections. Il y a en effet d'admirable dans ces institutions le zèle et les soins des sœurs hospitalières pour les malades remis à leurs soins, mais dans l'intérêt de la vérité il faut ajouter qu'il n'y a rien d'admirable, ni dans

leur régime administratif, ni dans leur régime médical ; et
quant à la dépense plus modérée dans ces établissements,
l'argent, en nous servant d'une expression spirituelle,
d'un autre député, M. de Tracy, dans la même discussion, *ne tombe pas plus du ciel* dans les caisses des asso-
ciations religieuses, que dans celles de l'autorité publique.
Le département du Calvados paie, à la maison du Bon-
Sauveur, 40,000 fr. par an. Cette institution, dans le
pays le plus riche de la France, est accessible à des familles
anglaises qui y recourent à moins de frais qu'elles ne le fe-
raient aux asiles d'Angleterre. Elle a pu suffire à de grandes
dépenses de construction, elle se soutient au moyen de ses
pensionnaires ; toute autre, dans des conditions analogues,
obtiendra le même succès.

Nous dirons encore que, lorsque les idées positives se font
jour de tous côtés, il est fâcheux que le langage de la tribune
où se défendent les intérêts du pays, ne puisse se débarrasser tout-à-fait de quelques mots qui d'ordinaire ont une assez
grande influence sur les esprits, et qui néanmoins, quand
la pensée scrute à fond l'idée qu'ils expriment, perdent toute
leur valeur.

L'honorable député, dont nous nous permettons ici d'ar-
gumenter l'opinion, a parlé des états-majors des établissements fondés par l'administration publique ; mais il y a un
état-major pour les hospices appartenant à des congrégations
religieuses comme pour ceux du gouvernement : aux uns
et aux autres il faut un certain nombre de personnes pour
le service des malades ; et qu'un motif plus ou moins louable
les attache à ce service, leur entretien et leur rénumération
rend inévitable une dépense, qu'il est toujours facile d'apprécier et de critiquer, s'il y a lieu, en comparant le nombre
des employés payés à celui des malades soulagés. Or, des

recherches récentes faites dans cet esprit, ont trouvé, dans quelques communautés hospitalières, ce résultat inattendu, que l'état-major était aussi dispendieux que le corps d'armée.

A Dieu ne plaise, qu'on voie ici une atteinte à cette application évangélique du zèle religieux au soulagement de l'infortune, pour laquelle nous avons autant de vénération que qui que ce soit au monde, mais à une époque où, après des luttes si longues et si désastreuses, les principes se dépouillent de toute idée d'exclusion; aujourd'hui que la réunion de ce qu'ils ont de bon et de praticable fait jaillir des sources multipliées de prospérité générale et de bien-être individuel, il faut partout, où on le peut, substituer la puissance des faits à l'empire des mots.

Des calculs comparatifs entre divers hospices d'aliénés, des évaluations répétées et appuyées d'une expérience de plusieurs années nous ont conduit à ceci : qu'en réunissant les frais de la nourriture des employés à leur traitement, il en coûterait, dans l'asile dont nous proposons la création, vingt-et-un centimes par journée, nous avons trouvé qu'il fallait un employé pour sept malades.

Nous avons trouvé encore que, pour nourrir convenablement nos aliénés, la dépense serait de quarante-six centimes par journée, que celle du chauffage s'élèverait à six centimes, celle de leur habillement à quatorze centimes; qu'enfin, avec d'autres frais leur entretien coûterait un franc. Comme il entrait dans nos évaluations, pour opérer avec certitude, d'élever les dépenses à leur plus haute estimation, nous avons la conviction que dans nos provinces on peut satisfaire aux soins que réclame un aliéné de la classe indigente, pour une moindre somme, et qu'en maintenant

les deux conditions d'un bon service et d'une sage économie, il doit résulter du budget de chaque année une bo-
nification des recettes sur les dépenses.

Pour faire prévaloir un système plus économique ; il
faudrait nécessairement s'appuyer de calculs semblables, et
avant tout bien tomber d'accord avec nous sur le régime
à appliquer aux infortunés confiés à l'asile public ou à l'institution privée.

Toutefois, ne s'attacher qu'aux vues d'une économie rigoureuse, en admettant des besoins qui commandent impérieusement des considérations contraires, c'est altérer la
charité dans son essence. Cette vertu, sans doute, a ses
exagérations, mais c'est quand les principes en sont mal
éclairés ; une fois qu'ils sont bien déterminés et explicite-
ment reconnus, on ne peut rien en rabattre dans l'application, sinon ce serait imiter cet avare qui, en danger de
mort, toujours fidèle à ses principes d'économie, ne se lais-
sait administrer que la moitié de la dose d'un médicament
héroïque que lui avait prescrit son médecin.

A l'égard même des craintes qui ont dominé la discussion
de la chambre des députés, à propos de la surcharge que
des institutions régulièrement établies pour le traitement des
aliénés, pourraient entraîner pour le budget des départements, nous sommes heureux d'avoir pu réunir des documents suffisants pour les dissiper entièrement. Par un
heureux rapprochement, le chiffre de 400 francs auquel se
sont arrêtés les orateurs opposants, pour la dépense annuelle à laquelle il fallait se limiter dans l'entretien d'un
aliéné, est celui que nous avons adopté comme base de
nos calculs, et ce chiffre, après avoir suffi à l'entretien pour
chaque année, permet encore de constituer à l'établissement

que nous projetons, des ressources importantes pour l'entier achèvement de sa constitution. Ce chiffre permet, une
fois cette constitution terminée, de créer à l'établissement des
revenus à la décharge des contributions départementales. Dans
le projet nous proposons une communauté d'intérêt entre
les départements, ainsi que l'ont voulu réellement le gouvernement et les chambres ; enfin les améliorations opérées depuis quelques années dans la maison d'Ostende, à
Châlons, permettent au département de la Marne d'entrer
dans cette communauté avec une riche mise de fonds,
et de ne réclamer des départements qu'il s'agrégera que
des sacrifices pécuniaires presque insensibles.

Il nous reste à examiner les rapports que peuvent avoir
entre eux les départements appelés à profiter, en commun,
pour le soulagement de leurs aliénés, des secours que nous
proposons de réunir et de rendre aussi complets que possible, dans un asile central.

Nous croyons bien démontré par tout ce qui déjà a été dit,
par les détails que nous donnons plus loin et par la vue du plan
joint à nos développements, qu'il ne sera point possible d'instituer un grand nombre d'asiles départementaux. Où pourra-
t-on, en effet, obtenir ailleurs que dans des établissements
constitués sur des vastes proportions, ces divisions multipliées,
ce nombreux personnel, cette surveillance toute médicale,
sans lesquels on n'aura point rassemblé les conditions voulues
pour le traitement de l'aliénation mentale ? Il faut surtout que
chacun demeure pénétré de cette vérité : c'est que cet ensemble de secours n'a point seulement pour objet de satisfaire à des vues de bienfaisance qui pourraient être taxées
d'exagération. Pourquoi dira-t-on, et nous répétons une
objection déjà faite plus d'une fois, pourquoi tant de ména-

gements, tant de recherches pour des infortunés dignes, sans
doute, d'un grand intérêt, mais qui, au bout du compte,
pour la plupart, sont incapables d'apprécier ce que vous
faites pour eux ? Donnez satisfaction à leurs besoins matériels,
obtenez à leur égard les conditions de salubrité que vous in-
troduisez dans les hôpitaux ordinaires, et vous aurez fait tout
ce que l'humanité réclame. La médecine répond, et elle répond avec une autorité irréfragable, car elle s'appuie de chif-
fres et de résultats qui ne peuvent point être contestés : dans
les établissements où les secours, jusqu'aujourd'hui, sont le
mieux constitués, sur trois aliénés admis on en guérit un,
on améliore l'état mental du second, on applique au troi-
sième les devoirs d'humanité dont vous parlez; dans les mêmes établissements, il ne se guérit plus qu'un malade sur
quatre, ou un malade sur cinq, suivant les diverses conditions où les aliénés se trouvent placés, soit qu'une admission
trop retardée ait laissé la perturbation cérébrale s'aggraver
par la prolongation du désordre intellectuel, soit que des
soins moins particuliers aient été attribués au malade (*Notice
statistique sur l'asile de Saint-Yon*, *à Rouen*, *page* 22).

Aujourd'hui que le respect de la dignité humaine est
devenu un besoin de notre état social, aujourd'hui que
ce besoin est tellement impérieux qu'il s'applique même à
ce qu'il y a de plus corrompu, de plus abaissé dans la société,
il est naturel qu'on invoque à grands cris le secours de la
médecine contre une maladie qui compromet à un si haut
degré cette dignité, en dégradant la plus éminente de nos
facultés. La science médicale a rempli tous ses devoirs à cet
égard, quand elle a donné les conseils qui pouvaient être
réclamés de son expérience, c'est à l'autorité administrative,
c'est surtout aux autorités locales à les mettre en pratique.

Le sort des aliénés est en ce moment entre les mains des conseils-généraux, prêts à se réunir; leurs délibérations vont décider si la loi nouvelle aura d'autres résultats que la régularisation de quelques formalités , si les hautes sympathies qui ont éclaté en faveur des infortunés dont elle promettait le soulagement ont été éveillées inutilement.

Nous ramenons ici cette question d'un intérêt si général et si élevé, à l'intérêt particulier des départements dont nous regardons le concours comme pouvant amener des résultats satisfaisants pour eux-mêmes d'abord , ensuite pour l'exemple qu'une heureuse réunion de circonstances peut leur permettre de donner à d'autres localités.

En proposant l'aggrégation des départements de l'Aisne, des Ardennes, de l'Aube , de la Marne, et de Seine-et-Marne, nous n'avons point arrêté au hasard une circonscription territoriale, favorable à notre projet , on se convaincra, par les développements dont nous l'appuyons, qu'il est entièrement dégagé de tout intérêt de localité, même de tout intérêt particulier quel qu'il soit , on s'en persuadera davantage à mesure qu'on prendra une connaissance plus intime des circonstances sous l'empire desquelles il a été conçu.

Des cinq départements que nous venons de nommer , quatre sont limitrophes à un seul, celui de la Marne , dont la position est tellement centrale par rapport à eux , qu'en prenant pour rayon la distance entre ses points extrêmes (trente lieues), et en traçant un segment de cercle autour de Châlons, au nord, à l'ouest et au midi , on comprend dans leur entier les départements des Ardennes, de l'Aisne, de Seine-et-Marne, à l'exception pour ce dernier de l'arrondissement de Nemours où la population est le plus clairsemée. Des lignes partant de tous les points de ces départements convergent sur Châlons de telle manière que , pour s'y rendre, il y a de chacun trois routes à suivre, de partout, à quelques lieues près, le chemin se fera sur une route royale; dans la plupart des cas le transport d'un aliéné pourra se faire en une seule journée, il n'y aura pour les localités les plus éloignées, qu'une nuit à passer entre le départ et l'arrivée, dans toutes les villes ou l'aliéné devra coucher, il existe un hôpital pour le recevoir. Ainsi la localité proposée réunit, quant aux distances à parcourir pour y arriver, et sous tous les autres rapports que nous venons d'énumérer des avantages dont la combinaison est telle qu'il serait difficile, nous le croyons, d'en trouver une semblable sur la carte de France.

Tous ces rapports sont établis dans un document joint à ce mémoire. Nous y avons réuni divers renseignements; nous y indiquons le nombre approximatif des aliénés, d'après les déclarations faites en 1833 par les autorités commises à leur administration. Ce document permettra encore d'évaluer leurs ressources pour satisfaire aux obligations que la loi du 30 juin leur impose; ces ressources ont été calculées d'après l'impôt territorial. Nous nous sommes arrêtés à cette seule nature de contributions comme offrant la base la plus fixe et la plus certaine. Nous pouvons enfin nous appuyer des indications relatées dans cette même pièce, pour apprécier et bien faire connaître la position de chaque département et ses intérêts en ce qui concerne la réunion que nous avons en vue.

Déjà les départements de l'Aube et des Ardennes ont des relations avec celui de la Marne, qui leur feront sentir facilement tout l'avantage qui résultera pour eux de cette réunion. Leurs aliénés sont conduits aujourd'hui à quarante-cinq lieues du chef-lieu; ils n'auront à parcourir, pour arriver à Châlons, que la moitié de cette distance. Nous ne voyons aucune difficulté à la participation de ces deux départements qui, eù égard au nombre d'aliénés qu'ils ont à soulager et à leur population, ne pourraient créer dans leur sein qu'un établissement très-restreint, et dont l'importance et l'utilité ne balanceraient point les sacrifices pécuniaires qu'il faudrait faire pour sa fondation et pour son entretien.

Le département de l'Aisne a déjà des secours établis pour le soulagement de ses aliénés. Ces secours, comme nous l'avons vu, ne satisfont ni aux exigences de la science, ni à celles de l'humanité ; tels qu'ils sont néanmoins ils existent, et il est naturel de supposer de la part de l'autorité administrative et du conseil-général de ce département, le désir de pouvoir approprier la maison de Montreuil à un service public pour l'aliénation mentale. En concevant très-bien que cette intention puisse avoir lieu, nous regardons comme peu probable qu'elle ait quelque suite. Nous voyons comme un premier obstacle la dépense nécessaire pour cette constitution.

Tout ce qui a été pratiqué à Châlons, depuis quatre ans, l'a été dans des circonstances qui commandaient une économie sévère ; jamais, néanmoins, cette économie n'a prévalu sur les nécessités d'un bon service ; ce qui pourra se faire, d'après les plans proposés, aura lieu dans les mêmes conditions. Le chiffre de la dépense déjà faite, réuni à celui de la dépense à faire encore pour la constitution d'un asile central, s'élève, par approximation, à 1,339,127 francs.

En supposant à toute force que le département de l'Aisne se décide à une dépense qui ne peut-être de beaucoup au-dessous de 500,000 francs, il lui faudra choisir une autre localité que celle de Montreuil. Cet établissement, qui pourrait étendre peut-être à d'autres circonscriptions administratives les services qu'il rend au département de l'Aisne contre la mendicité, est abrité, du côté du midi, par le mamelon qui supporte la ville de Laon. Bien que le sol y soit un fond de sable, il demeure humide par le fait de son exposition, et des plantations nombreuses qui avoisinent la maison. Son terrain enfin est circonscrit et nous paraît avoir peu de moyens de s'accroître. Il manque donc, en nous tenant à ces considérations que nous pourrions étendre encore, des conditions le plus rigoureusement réclamées pour un asile d'aliénés.

Le département que nous regardons comme devant tirer le profit le plus immédiat de l'agrégation que nous proposons est celui de Seine-et-Marne. La moitié de ses aliénés ne sont pas secourus, l'autre moitié trouve un asile à Bicêtre et à la Salpêtrière. Le voisinage de ces hospices ne sera pas long-temps une ressource pour le département. Les médecins et les administrateurs, attachés à leurs services, ont le désir de voir diminuer le nombre des aliénés qu'on y admet. Le département de la Seine ayant à improviser lui-même de nouvelles dispositions pour ceux de sa circonscription, il lui sera difficile, dans un avenir prochain, d'en recevoir d'étrangers.

Le département de Seine-et-Marne qui possède une grande richesse territoriale a le projet, depuis long-temps, d'instituer un asile d'aliénés qui réponde à ses besoins. Ce que nous avons dit pourra éclairer son administration sur toutes les nécessités auxquelles elle aura à satisfaire, et lui donner les moyens de se déterminer, en connaissance de cause, pour les avantages que nous lui proposons, ou pour ceux qu'elle devra retirer d'une institution qui nécessairement devra être rendue commune à des départements voisins. C'est là désormais la condition d'existence la plus absolue, pour un hospice départemental affecté au traitement de l'aliénation mentale.

Le département de la Marne a un établissement consti- tué; dans les améliorations nouvellement pratiquées, il s'est ménagé d'importantes ressources pour achever son œuvre et pour diminuer sa dépense annuelle, en établissant un pen- sionnat; les constructions et l'appropriation que cette partie de l'institution nécessitait viennent d'être terminées. L'éta- blissement avait été forcé de recevoir, dans ces derniers temps, un assez grand nombre de pensionnaires avant d'être en mesure de les loger convenablement. La confiance des familles avait précédé, à cet égard, les moyens qu'il possède aujourd'hui pour la justifier. Il a donc obtenu ou il est près d'obtenir tout le succès auquel il pouvait pré- tendre sous le double rapport de l'amélioration du sort de ses aliénés et de l'économie de ses dépenses.

Dans cette position, il semble qu'il y ait opportunité, qu'il y ait avantage pour le département de la Marne, de pour- suivre les travaux déjà commencés, de manière à pouvoir offrir un asile aux aliénés des départements qui voudront traiter avec lui, moyennant un prix de journée débattu contradictoirement; de cette façon il arriverait, ainsi que la chose a eu lieu dans des circonstances pareilles et pour de semblables maisons, à couvrir les dépenses de premier établissement, et par la suite à se procurer une recette dé- partementale importante. Ce mode de constitution me paraît devoir être rejeté pour plusieurs raisons; d'abord il suppose un esprit de spéculation incompatible en général avec celui d'une bonne administration; ensuite le département de la Marne qui, déjà, a beaucoup dépensé pour le service dont nous traitons, aurait encore à exécuter des travaux considé- rables auxquels il ne pourrait suffire qu'avec un emprunt, il s'y décidera d'autant plus difficilement, que, pour ce qui le concerne, il a déjà satisfait aux obligations de la loi à intervenir.

Il est une raison plus déterminante encore contre le système d'un asile central possédé en toute propriété par un seul département. Celui-ci prendra bien l'engagement de recevoir, pendant un certain temps, les aliénés qui lui seront envoyés ; un engagement réciproque sera pris par les départements voisins ; mais au terme de cette transaction, il peut se faire que le département-propriétaire donne la préférence à des pensionnaires sur lesquels il aura plus de bénéfice à espérer ; il peut se faire aussi que les autres trouvent un intérêt à le quitter par suite d'une concurrence qui offrirait de prendre leurs malades à moins de frais. En un mot, il n'y a point dans ce mode de constitution, cet intérêt, ce lien commun sans lequel il n'y a rien de stable, rien de définitif. Cette considération est d'autant plus dominante, que nos institutions, soumises essentiellement à la volonté de corps délibérants, tendent à la mobilité, à l'instabilité. Or, le mouvement dans l'ordre moral comme dans l'ordre physique a besoin d'équilibre ; il faut donc déployer autant qu'il se peut une action en sens contraire, et introduire des garanties certaines de durée dans les fondations que nous devons à un ordre de choses qui a amené la France dans une voie de progrès où elle se trouve à la tête des nations.

D'après les motifs que nous venons d'exposer, nous nous arrêtons à proposer la participation de chaque département dans les charges et les bénéfices de l'établissement. Ce système, d'une propriété commune à plusieurs circonscriptions administratives, n'a rien d'insolite ; il a été suivi pour l'institution de plusieurs écoles normales d'instruction primaire. Il promet même, et j'ose le dire avec certitude, un

succès tel que, dans un avenir plus ou moins éloigné, l'é-
tablissement pourra suffire par le revenu annuel qui lui
aura été constitué, à une partie de ses dépenses.

Pour arriver à ce résultat deux conditions sont indispensables :

1° Il faut opérer une fondation solide. L'établissement
doit être constitué sur des bases larges et bien arrêtées.
Les rouages de son mécanisme doivent être disposés de
manière à ce que leur jeu soit facile, leur mouvement régulier
et durable.

2° Il faut qu'une surveillance active veille sur ce mouvement, de manière à n'y laisser introduire aucune cause
de dérangement et d'irrégularité.

Nous avons réuni le plus que nous avons pu de pièces
de détails propres à indiquer de quelle manière nos idées
sont déterminées pour cette constitution. Nous avons établi
minutieusement, et d'après une expérience certaine, tous les
éléments du budget des recettes et des dépenses de l'asile à
créer. On verra, en jetant les yeux sur les pièces à l'appui,
particulièrement sur celles qui concernent les premières
nécessités de la vie, la nourriture et l'habillement, que nous
donnons les moyens de pourvoir largement aux besoins des
malades de toutes les classes et de toutes les catégories ;
nous avons tenu compte avec la même précision de la
dépense journalière de chacun d'eux. On trouvera encore
que les besoins du service médical, de la surveillance, de
l'administration, en général, y sont aussi prévus. Nous donnons des développements étendus sur tous ces points d'une
importance absolue. Comme toutes les dépenses du premier établissement sont faciles à estimer, et qu'elles résulteront des détails à l'appui du plan présenté, nous n'avons

rien de plus à ajouter sur ce qui se rattache à la première des conditions que nous venons de poser.

La condition de surveillance sera obtenue d'abord de la présence journalière des médecins et des administrateurs, d'une commission administrative dont l'action sera facile ; car tout sera à jour dans toutes les parties de l'administration. Une surveillance plus élevée s'exercera encore du fait de l'autorité départementale, et des conseils-généraux des départements concourant à l'entretien de l'asile, qui nécessairement exigeront un compte rendu chaque année, non seulement des opérations financières, mais encore de tout ce qui se rattachera au mouvement de l'asile, à l'entrée et à la sortie des malades, aux guérisons opérées, à la durée du séjour des aliénés, etc. etc. Enfin, en se reportant à la haute surveillance du ministère, on estimera qu'aucune garantie n'a été oubliée.

§ III.

Conditions essentielles du traitement des Aliénés.

—

L'ÉTENDUE et la variété des connaissances que la médecine embrasse, y donnent lieu nécessairement à des parties distinctes dont la spécialité peut suffire à l'intelligence la plus développée, à la plus longue et à la plus laborieuse existence. Parmi ces spécialités, il n'en est point de plus tranchée que celle qui se rattache à la thérapeutique des mala-

4

dies mentales. La médecine des aliénés est une science particulière dans la science générale.

Le praticien, appelé à donner des soins exclusifs aux infortunés privés de leur raison, doit porter ses recherches sur les lésions matérielles des organes, dont les symptômes, offerts à son observation, peuvent être l'expression; il a de plus à étudier les phénomènes les plus dégagés de ces lésions, au moins en apparence, et toute considération réservée de l'imperfection de nos sens et de nos procédés; il a à faire en outre l'emploi le plus étendu des notions empruntées à la branche de la médecine la plus positive, la mieux cultivée de nos jours, la moins éclairée peut-être encore. Un usage judicieux des matériaux de l'hygiène est un accessoire puissant dans les applications communes de la thérapeutique; il entre en première ligne dans le traitement de l'aliénation mentale.

De toutes les affections du domaine de la pathologie, il n'en est point qui se présente sous une forme plus variée, plus individuelle. En effet, s'il est quelque faculté qui, dans l'homme, présente les dissemblances les plus prononcées, qui, en le comparant seulement à lui-même parmi les êtres animés, semblerait appartenir plus à l'individu qu'à l'espèce, c'est l'intelligence. Aussi le désordre de cette précieuse faculté donne-t-il lieu à des phénomènes diversifiés à l'infini. L'étude de l'aliénation mentale offre un tableau mouvant, dont la singularité, pleine de bizarrerie surprend, à chaque nouveau cas qui se présente, l'observateur le plus exercé. Néanmoins, dans cette collection de faits si variés, il a été établi une heureuse classification, qui a encore cela de remarquable parmi tout ce que nous faisons ressortir de particulier à la médecine des aliénés, qu'elle n'est pas moins indispensable à la pratique qu'à la théorie, et qu'il n'est point de succès complet à espérer, sans un classement du malade aussi méthodique que l'étude de la maladie.

La condition la plus générale du traitement des affections mentales est une distribution des malades dans des quartiers séparés, selon le caractère de leur folie.

Aliénés curables.

La première séparation à opérer, est celle des aliénés qui ont des chances de rétablissement, d'avec ceux à l'égard desquels il n'y a point d'espoir de guérison. Cette appréciation n'est point difficile, elle repose sur des données bien déterminées. L'exposé rapide que nous allons faire des formes diverses de l'aliénation mentale, les indiquera suffisamment ainsi que le degré de certitude qu'elles peuvent offrir.

Iʳᵉ DIVISION.

Manie.

Le désordre intellectuel le plus fréquent paraît avoir, pour cause principale, une excitation violente du système nerveux qui imprime une activité singulière, une étonnante énergie aux fonctions les plus générales. Les muscles acquièrent une force extraordinaire, le cœur bat avec précipitation, l'appareil respiratoire, principalement les organes de la voix, se prêtent à un exercice non interrompu, à une fatigue soutenue pendant des espaces de temps véritablement prodigieux. L'estomac reçoit des aliments outre mesure, et la digestion s'opère sans difficulté. C'est ici la manie aiguë, l'aliénation mentale par excellence.

Il y a dans cette forme des modifications distinctes : le

maniaque est animé d'un esprit prononcé d'insociabilité; il s'agite sans motif, il crie, il frappe, surtout il contredit; il a en lui-même une confiance extrême, il déploie une humeur impérieuse, ses provocations passent facilement à la fureur si l'on fait une opposition directe à l'idée qui le domine; laissez écouler quelques instants et vous le verrez appuyer, des mêmes démonstrations, une idée contraire; il est privé de sommeil; il interrompt, la nuit, le repos de ses voisins.

PREMIÈRE SECTION.

Manie agitée.

Le maniaque agité a besoin tour à tour d'être abandonné, en liberté, à son exaltation, ou confiné dans un espace étroit, et tenu à l'abri de toute cause extérieure d'excitation; il faut, au quartier destiné à le recevoir, des cellules et un grand espace de terrain.

DEUXIÈME SECTION.

Manie semi-tranquille.

Démence aiguë.

Une seconde subdivision doit réunir des aliénés d'une autre nuance. Des désordres plus graves, plus profonds dans l'intelligence s'accompagnent d'un moindre développement de force; l'activité intérieure du malade, sa turbulence, sa distraction, ne l'entraînent plus à changer brusquement de

lieu et de place ; immobile , il satisfait au besoin de mouvement qui existe chez tous les insensés , par des atteintes sur
ce qui tient à sa personne , il est maladroit et d'un abandon
complet pour tous ses besoins ; il fait entendre un bourdon-
nement continu plutôt que des cris, des menaces ou des
plaintes fortement exprimées.

Le maniaque semi-agité et l'aliéné affecté de démence aiguë , qui s'en distingue par un affaiblissement plus grand de
la sensibilité , de l'intelligence et de la volonté , chez lequel
des propos plus incohérents , des actes plus décousus , semblent appartenir à des impressions antérieures et à une mémoire incomplète du passé , plutôt qu'aux perceptions et aux
idées du présent, peuvent avoir une habitation commune ;
ils doivent être l'objet de mesures conçues avec réflexion ,
et appliquées adroitement pour la conservation de leurs
vêtements et pour leur entretien dans un état convenable de
propreté. Dans le quartier qu'ils doivent habiter , seront pratiquées un petit nombre de cellules , et des dortoirs disposés avec art pour y conserver facilement des conditions de
salubrité partout réclamées , ici d'absolue nécessité.

TROISIÈME SECTION.

Manie tranquille.

Un égarement assez profond de l'intelligence peut se rencontrer encore avec un état permanent de tranquillité, qui
permette à l'aliéné de profiter de tous les avantages qu'assu-
rent pour sa guérison la vie en communauté et le maintien
passager sous les lois d'une discipline exacte. Il est bien peu
d'aliénés qui ne soient susceptibles de quelque travail ou de

prendre part à quelque amusement. Les maniaques tranquilles pourront surtout sortir sans difficulté de leur quartier à des heures réglées , et être soumis à toutes les combinaisons possibles d'exercice ou de divertissements.

Ce quartier, auquel il faut particulièrement des dortoirs
bien aérés , des salles bien éclairées et à une bonne exposition, recevra , indépendamment des aliénés dont l'affection
n'a point revêtu, de prime-abord., un caractère violent , ceux
dont l'agitation déjà calmée est un premier pas vers la convalescence. Nous ne laisserons point échapper ici une considération capitale , c'est que la facilité de faire passer un aliéné
d'une division dans une autre, selon les variations du trouble
de son esprit , est l'avantage le plus précieux d'un grand établissement; avantage d'une importance si dominante, qu'il
exclut toute organisation calculée sur de médiocres proportions.

IIᵐᵉ DIVISION.

Monomanie. — Maladies incidentes — Convalescence.

QUATRIÈME SECTION.

Mélancolie.

Monomanie (Esquirol).

Le traitement des aliénés que nous venons de passer en
revue n'offre point de grandes difficultés , il est souvent cou-
ronné de succès; il n'en est point ainsi d'autres modifications
dans les désordres dont l'intelligence peut être affectée; bien

que se distinguant par des nuances fortement exprimées, elles ont des caractères communs qui les ont fait réunir en un seul genre par tous les auteurs qui ont traité de l'aliénation mentale.

Monomanie proprement dite.

L'égarement intellectuel peut avoir pour cause première des lésions apparentes ou dissimulées à l'observateur dans quelque appareil des sensations spéciales, ou une altération de la sensibilité propre à un organe ou à un système d'organes. Quoi qu'il en soit, là est le point de départ d'influences singulières sur le cerveau. Le jugement du malade déjà faussé peut être par une disposition congéniale, plus vraisemblablement habitué par degrés à des perceptions insolites, finit par admettre les hallucinations les plus contraires à l'ordre naturel des choses et à l'évidence. La raison une fois dominée dans sa résistance à l'absurde, la lutte devient de plus en plus inégale. Par un emportement que nous retrouverons chez tous les aliénés, contre ce qui fait opposition à leur fantaisie dominante, cet abandon à des perceptions fausses, semble s'accroître en raison directe de leur désaccord avec les notions les plus vulgaires des lois de la nature.

A cette forme de l'aliénation mentale convient surtout le nom significatif et parfaitement technologique de *monomanie*. En effet, ici toute la préoccupation de l'aliéné, toute sa logique, toute son énergie sont employées à exprimer sa persuasion, à repousser les doutes qu'il voit s'élever à l'égard des idées auxquelles se rattache son délire, et en dehors desquelles sa raison, au moins dans les choses ordinaires de la vie, ne paraît point altérée.

Monomanie avec propension au suicide.

Une autre variété de la folie a d'intimes rapports avec la monomanie proprement dite. L'aliéné, entraîné par un sentiment profond de souffrance physique ou morale, a perdu également la faculté d'apprécier à leur juste valeur les sensations qu'il éprouve. Les hallucinations du monomane se rattachent presque toujours à sa propre personne ; le jugement du mélancolique porté au suicide s'égare plus volontiers dans ses rapports avec autrui. Partout le mépris le poursuit, partout il entrevoit des motifs de découragement, tout conduit l'infortuné, abandonné sur une pente glissante, à renier le bienfait de l'existence. Il désire la mort, il caresse l'idée qu'il s'en fait, il emploie pour se la procurer toutes ses facultés, toutes les ressources de son esprit ; il en combine les moyens avec une effrayante adresse, il prend ses mesures de sang froid, il ne recule point devant d'horribles souffrances, il mène à fin son funeste projet avec un calme qui paraîtrait dû à une stoïque raison, s'il n'attestait au contraire un état extrême d'exaltation mentale.

Ceci nous conduit à une remarque qui aura toute sa portée dans le paragraphe suivant. C'est que dans l'appréciation que des personnes étrangères à la médecine des aliénés sont appelées à faire d'actes criminels ou au moins reprochables ; dans la balance qu'elles font du degré de liberté d'esprit de l'individu qui s'est porté à des atteintes sur lui-même ou sur autrui, elles ne manquent point de mettre au compte de la raison, les mêmes faits que le praticien met au compte de la folie.

Cette réflexion s'applique surtout, comme nous l'avons fait pressentir, à la *Mélancolie avec propension à l'homi-*

cide ; nous ne voulons point ici aborder des questions longuement, et déjà savamment controversées, non résolues
pourtant. La médecine, à cet égard, nous paraît avoir encore ses preuves à établir.

La destination de notre travail ne nous permet point,
non plus, d'examiner si toutes les atteintes contre les personnes, qui doivent être attribuées à l'égarement d'esprit de
leurs auteurs, doivent être rapportées à la monomanie ; nous
ne pouvons ni rechercher les causes auxquelles elles peuvent
être rattachées, ni développer notre opinion à ce sujet. Nous
nous contenterons d'observer, en ajoutant quelques fruits de
notre expérience personnelle à celle des praticiens les plus
recommandables, qu'en général, les aliénés homicides, dans
les excès auxquels ils se livrent, semblent céder à des idées
abstraites de justice et d'équitable répartition du bien et du
mal. Une complète infatuation, un entier oubli touchant
leurs rapports avec la société, une profonde insensibilité,
quant aux conséquences qu'entraînera, pour eux-mêmes,
l'action à laquelle les pousse une irrésistible impulsion, président ici comme dans le suicide, aux sévices qui leur sont
reprochés. Leur fatale propension a sa source encore dans
cet excès d'amour-propre qui existe chez tous les aliénés ;
l'amour-propre froissé, quelque injure réelle ou supposée
nous ont paru, dans la plupart des cas, avoir déterminé les
actes qui ont amené des aliénés devant les tribunaux, et qui
ont attiré, sur quelques-uns, toute la rigueur de lois.

Nous avons insisté trop longuement sur les malades de
ces trois dernières catégories, pour qu'il nous reste beaucoup à dire sur le quartier qui doit leur être assigné : on aura
déjà jugé de la nécessité de les séparer soigneusement des
aliénés dont la folie se laisse apercevoir trop manifestement ;
rien ne blesse les monomanes comme d'être confondus

avec des insensés, comme de passer pour fous ; d'un autre côté, les mettre trop à part et les isoler de toute société, ce serait s'exposer à donner un surcroît d'énergie à leur tendance exclusive.

Le mouvement inséparable d'un grand établissement, les distractions qui peuvent leur être procurées, si on a soin de leur cacher qu'elles sont préparées pour eux, sont les seuls moyens de traitement pour ces infortunés que le raisonnement irrite, que toute application thérapeutique révolte. Nous croyons satisfaire à toutes les indications qui ressortent de ce que nous venons d'exposer, en leur réservant une subdivision du quartier destiné à recevoir des aliénés tranquilles affectés de maladies incidentes, et des aliénés en convalescence.

CINQUIÈME SECTION.

Maladies incidentes.

Ce quartier sera plus rapproché que tout autre du centre de l'établissement. Une infirmerie, divisée en deux parties pour le service médical et pour le service chirurgical, sera convenablement disposée pour la salubrité, et réunira tout ce qui est nécessaire pour le bien-être des malades.

SIXIÈME SECTION.

Convalescence.

Aux convalescents, prêts à rentrer dans la société, il faut un logement agréable et une communication facile et libre

avec les employés, notamment avec les chefs de l'institution ; c'est un moyen infaillible d'épreuve. Il leur faut aussi
toute la liberté compatible avec le bon ordre et la discipline
de l'établissement.

Les six sections, dont nous venons d'indiquer les principales dispositions, recevront les aliénés à l'égard desquels
tout espoir de rétablissement n'est point perdu, tous ceux
dont l'isolement ne sera que passager, ou dont la séquestra-
tion peut être dissimulée par des apparences de liberté. Avant
de passer de la classe des aliénés curables dans celle à l'é-
gard desquels il n'y a que des chances infiniment faibles de
rétablissement, nous ferons une observation qui s'applique
à l'une comme à l'autre ; c'est qu'une maison, rationnelle-
ment distribuée, doit, indépendamment des divisions et
des sections que nous avons indiquées, se prêter indispen-
sablement à des subdivisions dont la combinaison doit pourvoir à des nécessités momentanées.

IIIᵐᵉ DIVISION.

Aliénés hors de traitement.

Le quartier des aliénés hors de traitement, sera, à
quelques dispositions près, dans les mêmes conditions que
celui des aliénés en traitement de la manie. Trois divisions,
également, y seront pratiquées.

Les deux premières seront habitées par des malades frap-
pés de démence et d'idiotie. Nous réunissons à la démence,
la manie chronique par les mêmes raisons qui nous ont fait
joindre la démence aiguë à l'une des formes de la manie

chez les aliénés en traitement. La nomenclature, suivie rigoureusement pour l'étude, serait trop subtile dans l'application pratique. Nous n'établirons aussi deux sections, parmi les aliénés en démence et les imbécilles, qu'après les avoir réunis et confondus, pour en faire un triage, subordonné à leur état d'agitation ou de tranquillité, de propreté ou de malpropreté.

Dans les deux sections dont nous allons tracer la distribution, viennent se rendre, comme à un dernier terme, les aliénés, qui, par l'imperfection de leur organisation, par la durée de leur égarement, ou par leur âge, ne sont plus susceptibles que de soins généraux, qui viennent suppléer dans leurs besoins les plus matériels, à l'aide qu'un désordre absolu ou un effacement complet de l'intelligence ne leur prête plus.

Les malheureux, parvenus à ce degré extrême de trouble des facultés intellectuelles, ne réagissent plus guères les uns sur les autres. Leur réunion, en communauté, a néanmoins encore cet avantage, de maintenir, en quelque activité, les dernières lueurs de leur raison. Le renouvellement de l'air, l'entretien d'une température convenable, une distribution abondante d'eau et des moyens de lavage établis avec intelligence, dans leurs cellules, leurs dortoirs et leurs promenoirs, une bonne alimentation, voilà tout ce que la science médicale et l'administration peuvent y ajouter. Il n'y a rien de plus à tenter dans cette dégradation de la nature humaine, où la pensée n'est plus qu'une simple velléité, un acte sans consommation, où les idées, sans lien l'une à l'autre, se dissipent dans une sorte de fermentation cérébrale, en une incohérente et intarissable loquacité.

Cet état d'impuissance et d'oblitération des facultés intellectuelles, est plus absolu encore chez l'idiot, réduit à une vie toute végétative, chez qui toute l'existence animale semble se résumer dans le balancement alternatif, de la tête et du corps, qu'il exerce avec la régularité du pendule.

SEPTIÈME SECTION.

—

Démence agitée.

Manie chronique.

HUITIÈME SECTION.

—

Démence semi-tranquille.— Imbécillité. — Loquacité pendant la nuit. — Malpropreté.

Les deux divisions communes à la démence et à l'idiotie, se prêteront à séparer les aliénés turbulents ou trop bruyants de ceux qui réclament plus de surveillance, sous le rapport de la propreté. On devra, dans ces divisions, avoir la possibilité de mettre, encore à part, les aliénés les plus agités ou les plus malpropres. Ce quartier sera donc distribué en dortoirs et en cellules. Le service des employés appelés à le desservir, devra être rendu facile, au moyen d'une disposition toute spéciale de la literie et des vêtements, particulièrement par une distribution de l'eau qui devra arriver sous chaque lit; c'est vers ce dernier point, qui ne peut être trop recommandé, que doivent être dirigées l'attention de l'architecte, et l'intelligence du fontainier.

NEUVIÈME SECTION.

—

Epilepsie compliquée de folie.

D'après cette énumération, qui a dû comprendre toutes les variétés de l'aliénation mentale, nous sommes arrivés à la dernière et à la plus redoutable de toutes, à celle où la folie n'est plus que la complication, qu'un symptôme sinon indispensable, au moins d'une extrême fréquence, d'une maladie plus affligeante encore et plus repoussante.

Les phénomènes particuliers de l'épilepsie ont été trop bien décrits ailleurs pour que nous nous hasardions d'y re-revenir; nous n'avons besoin ici que de rappeler quelques faits qui se rattachent essentiellement à notre sujet.

Comme dans toutes les maladies où la causalité est inter-mittente, l'action des principales fonctions si profondément troublées dans l'influx épileptique se rétablit aussitôt qu'il a cessé. Néanmoins ce rétablissement n'est jamais complet à l'égard du cerveau; quelque trouble reste dans l'intelligence des épileptiques dont la raison paraît le mieux se maintenir. Chez la plupart, la perturbation du système nerveux affecte l'organe qui en est le centre ou l'aboutissant principal, même dans la forme de l'épilepsie la moins grave, dans celle où elle ne se manifeste que par quelques vertiges; le délire est fréquent chez les épileptiques; à la suite de l'accès, leur humeur a toujours quelque chose de sombre, leur phy-sionomie porte une empreinte farouche, ils sont querelleurs et emportés, souvent ils s'abandonnent à une fureur redou-table et difficile à calmer.

Le maniaque, le plus agité, a toujours quelque direction dans son emportement. L'épileptique est dominé par une impulsion aveugle, il frappe, avec brutalité, tout ce qui l'approche, c'est un besoin qu'il satisfait, sans distinction des objets matériels ou des personnes à sa portée.

Il est encore deux considérations dont l'épileptique doit être l'objet dans les dispositions d'un hôpital d'aliénés ; nous voulons parler des mouvements spasmodiques et des évacuations involontaires dont un accès complet d'épilepsie n'est jamais dégagé.

Le quartier affecté à ces malades doit donc recevoir des arrangements plus particuliers encore que les autres ; les lits doivent avoir peu d'élévation ; ils doivent être établis de manière à ce que l'épileptique puisse y être facilement maintenu avec le gilet de sûreté, et au moyen de liens qui ne portent point immédiatement sur ses membres. Il y a un double avantage à le contenir ainsi ; on le préserve de quelque choc fâcheux, et on modère la violence de l'accès. Il en est, en effet ici, du désordre musculaire, comme de l'agitation du maniaque, qui s'augmente par son propre effet.

Il est donc besoin de cellules à ce quartier, indépendamment d'un dortoir et d'une salle disposée, comme ailleurs, pour les gâteux, et comme il n'y a réellement nulle part, ni moyens, ni convenance pour pousser plus loin la séparation des aliénés, on aura satisfait aux conditions les plus minutieuses, en réservant, dans le promenoir des épileptiques, un espace déterminé, par une légère clôture, pour l'usage de ceux qu'il est nécessaire d'isoler momentanément.

Nous croyons bien inutile d'observer que toutes les divisions et subdivisions, à l'indication desquelles nous nous sommes livrés, se répètent pour une séparation, complète et absolue, à l'égard des deux sexes. Cette règle, commune à tout établissement public, est d'une application plus rigoureuse dans une communauté d'aliénés que partout ailleurs.

IVme DIVISION.

Aliénés pensionnaires.

X^e, XIe, XIIe ET XIIIe SECTIONS.

Le classement que nous venons de tracer devrait encore être répété pour les aliénés appartenant à des familles aisées. On concevra qu'à moins d'une extension difficile à concilier avec d'autres nécessités, ce résultat ne peut être obtenu nulle part. Une distribution bien entendue du quartier destiné aux aliénés pensionnaires ; un aménagement tel que tous les moyens possibles de bien-être y soient introduits, suppléeront à l'insuffisance sur ce point des établissements publics. Une seule division, partagée en quatre sections, nous paraît suffire. On pourrait, néanmoins, si les ressources de l'asile le permettaient un jour, ériger, dans l'endroit le plus favorable du vaste enclos que nous y adjoignons, une maison de convalescence, imitée de celle de l'établissement de Sonnenstein à Pyrna (Saxe).

Peut-être devrions-nous discuter ici l'opportunité, pour les maisons placées sous l'autorité du Gouvernement, d'admettre des pensionnaires payant de fortes pensions ; mais cette question est résolue par la nature même de leur constitution. En effet, d'après les dispositions de la loi nouvelle, les asiles départementaux seront de vastes pensionnats, et il ne devra y avoir d'autres limites à leur imposer que la confiance plus ou moins grande des familles. Il est encore une haute considération d'humanité qui favorise l'introduction de pensionnaires de la classe dont nous parlons, dans les établissements publics, c'est que la confiance des familles riches sera la meilleure garantie à donner aux familles des aliénés indigents qui y seront entretenus.

Conditions de localité. = Discipline médicale dans l'établissement.

Ce n'est point assez d'avoir réparti la population d'un asile d'aliénés, de manière à échapper au danger de voir leur égarement s'augmenter par une agglomération hétérogène, par l'influence que beaucoup peuvent ressentir d'un désordre intellectuel plus grand que celui dont ils sont affectés ; il est, de plus, des conditions auxquelles il faut satisfaire rigoureusement, et sans lesquelles il n'est point à espérer de succès complet dans le traitement des maladies mentales. Elles se rattachent à deux ordres de faits, dont l'observation est si constante qu'ils peuvent être érigés en principes.

L'attention des aliénés est essentiellement mobile ; leur tendance à laisser dominer leurs sens ou distraire leurs idées, dans une succession rapide d'impressions, est le symptôme le plus saillant de l'aliénation mentale.

Ce principe, incontestable pour le maniaque, s'applique même à l'idiot, dont l'organisation imparfaite ne laisse aux idées, pour se produire, qu'un cercle tellement restreint, que de prime-abord il est difficile de croire que sa pensée puisse aisément passer d'un objet à l'autre ; il s'applique même au monomane dont les idées paraissent opiniâtrement fixées dans une direction exclusive.

Une seconde considération capitale, c'est qu'une action directe, soit par une contrainte corporelle, soit par le raisonnement, a un effet défavorable sur l'aliéné, à quelque classe qu'il appartienne ; tout ce qui fait une opposition immédiate à ses idées ou à ses actes, produit chez lui de l'irritation. Si l'action se prolonge, il devient furieux ; la discussion imprime une nouvelle activité au désordre de son intelligence; vos raisons n'ont point d'empire sur lui, les siennes sont victorieuses, d'une idée fausse il tire des conséquences d'une justesse incontestable, il opère, avec la même confiance, d'une idée vraie les déductions les plus absurdes; argumentateur à outrance, il embarrasserait le logicien le plus exercé; il est facile néanmoins, de terminer la lutte à votre avantage; si vous continuez sur le thème qu'il a introduit, vous serez forcé de le suivre, infailliblement il dominera; substituez, tout simplement à son propos, une idée différente, vous reprenez vos avantages, il vous suit sans difficulté, ce n'est plus qu'un enfant que vous menez par la lisière où vous voulez le conduire.

Les deux principes que nous avons établis se prêtent, comme on voit, un appui mutuel dans les applications thérapeutiques qui en découlent.

Ainsi donc, indépendamment de la facilité d'opérer, dans le lieu choisi pour la construction d'un asile d'aliénés, des divisions nombreuses, il faut pouvoir y disposer de puissants moyens de diversion.

Ces moyens consisteront essentiellement dans un travail modéré, toujours offert, non imposé, toujours accepté, le plus souvent recherché avec empressement, dans des promenades, des amusements mêlés d'exercice musculaire, et de nature à déterminer la lassitude qui appelle le sommeil, et à éviter la fatigue ou la contention d'esprit qui surexcitent les nerfs, au lieu d'amener le relâchement et l'expansion qu'il faut chercher.

Rien n'aidera plus à obtenir ce précieux résultat qu'une localité judicieusement choisie. Que sur un sol légèrement incliné à l'est ou au midi, se développe une végétation exubérante et variée, qu'aucun obstacle ne s'y élève à la libre circulation de l'air et de la lumière, que l'eau puisse y être amenée en abondance à la surface, que par le fait de dispositions intelligentes, rien n'y affecte la contrainte, qu'une surveillance facile à exercer, facile à dissimuler y laisse à l'aliéné toutes les apparences de la liberté en lui ôtant la possibilité d'abuser d'une tolérance bien raisonnée, ou aura réuni un ensemble de moyens dont l'efficacité sera facile à apprécier pour quiconque se reportera à l'énergie physique, à la liberté d'esprit que lui ont rendu, après des émotions douloureuses, au bien-être que lui ont procuré, en tous temps, le calme des champs et la solitude, vis-à-vis de la nature parée de ses ornements.

Mais l'influence la plus salutaire pour l'aliéné est celle du médecin qui lui donne des soins.

On sait tout ce que généralement, et dans les conditions ordinaires de dérangement de la santé, le médecin acquiert d'autorité près du malade. On sait combien cette autorité est favorable à la bonne issue du traitement. En vain la science la plus profonde, l'habileté la plus reconnue présenteront des garanties certaines, l'homme de l'art risquera de perdre le fruit de ses soins, si la confiance de celui auquel il les prodigue ne lui est acquise à l'avance. Il lui manquera au moins un élément puissant de succès. Mais combien cette prépondérance est indispensable! combien aussi elle augmente près de l'aliéné.

Une vérité généralement reçue, unanimement proclamée, c'est que le succès du traitement de l'aliénation mentale ne dépend point d'une visite d'un moment, d'une prescription rapidement formulée. Si l'on veut bien se reporter aux deux principes que nous avons énoncés, il sera facile, en effet, de se convaincre qu'il n'est point de moyen plus actif sur l'in- sensé que l'autorité du médecin qui veille sur ses actions, qui observe assidûment toutes les phases de son délire. Ce n'est plus là un adversaire avec lequel il se croit en droit de lutter de raisonnement et d'opiniâtreté, c'est le possesseur d'une science qui a sur lui tout crédit. L'obéissance qu'il lui prête n'a rien qui blesse son amour-propre, elle rentre dans la règle commune de soumission du malade, à la volonté du médecin.

A ce premier moyen de crédit sur l'esprit de l'aliéné, il faut ajouter l'ascendant que le médecin recevra encore de sa position dans une maison dont il sera l'âme, dans laquelle il jouira d'un pouvoir que personne ne puisse lui disputer. Si cette autorité est ménagée de manière à ce qu'elle s'étende en toute justice, en toute équité sur tous les employés, si elle est telle que chacun, maintenu fermement dans son devoir, y jouisse d'avantages qui l'attachent à ses fonctions, on y verra jusqu'au moindre employé, jusqu'au mercenaire, en apparence, le moins accessible à des sentiments de philantropie, se modeler sur celui qui donne l'impulsion, prendre goût, ainsi que lui, au service auquel il est attaché, le seconder dans son heureuse influence. On comprend aisément tout le bien qu'on peut attendre d'un établissement ainsi conçu. Une juste mesure, une régularité constante et dans les moindres choses, offertes à tout instant à l'aliéné, doivent nécessairement ramener du calme et de la rectitude dans son esprit.

Il faut, sans doute, des qualités spéciales au médecin qui se livre au traitement des aliénés, indépendamment de notions aussi complètes, aussi étendues que la science le comporte, il lui est besoin, à un degré particulier, de tact, de talent d'observation, d'esprit d'à propos, surtout de dévouement. Néanmoins, on a fait, en plus d'un endroit, une peinture exagérée des qualités indispensables au praticien attaché à un service public d'aliénés. On a rendu ainsi effrayante et difficile à accepter une tâche semblable.

Le médecin, auquel sont confiés des aliénés, dont l'existence se passe au milieu d'eux, s'habitue promptement aux fonctions qu'il remplit; en effet, si d'un côté il est chargé d'une immense responsabilité, de l'autre il est continuellement l'objet du respect et des témoignages de gratitude des infortunés dont la guérison met un si haut prix à l'art qu'il professe. Si l'on excepte quelques monomanes chez qui la défiance domine tout autre sentiment, la reconnaissance ne manque guères chez les aliénés; on le croira facilement si l'on estime que la cause la plus fréquente de la folie est un excès de sensibilité.

Enfin, il n'est aucune de ces qualités exigées pour le service dont nous traitons, qui ne le soit également dans la pratique commune de la médecine. A propos de quelle application de notre art, n'avons-nous point de répugnance à vaincre, de sacrifice à faire, de dévouement à témoigner ? Même quand nous mettrions en ligne de compte d'éclatants dédommagements de fortune et de réputation qui ne sont accordés qu'à un petit nombre, où existe-il une compensation à cette abnégation qui nous est si impérieusement commandée, sinon là où il la faut chercher, où elle existe réellement, dans notre for intérieur, dans la conscience du bien que nous avons pu faire ?

Mode d'administration des Asiles publics d'aliénés.

L'attention et l'intérêt du gouvernement pour tout ce qui concerne les aliénés auraient pu nous dispenser de parler du mode d'administration que nous croyons préférable pour les asiles à instituer, ce mode devant être subordonné aux instructions de M. le ministre de l'intérieur pour l'exécution de la loi récemment promulguée. Mais dans le développement d'un projet de la nature de celui dont nous nous occupons, nous avons dû nécessairement éclairer nos vues par des considérations générales, et y subordonner toutes nos applications particulières; il y avait là un enchaînement d'idées qu'il fallait suivre invariablement. Nous avons d'ailleurs l'espérance de n'être point en contradiction, sinon avec la lettre, du moins avec l'esprit des instructions du ministère, quand nous l'avons vu marcher d'accord avec la science dans la présentation et la discussion de la loi, dont le bienfait, pour les infortunés privés de leur raison, doit prochainement se faire sentir, et quand nous-mêmes, nous avons moins écouté ce que pouvaient nous dicter sept années d'expérience et de pratique dans des circonstances difficiles, que ce que nous ont appris une étude scrupuleuse de tout ce qui a été publié sur l'aliénation mentale, une connaissance approfondie dans leurs plus minutieux détails des Maisons publiques, ou privées, d'aliénés, les plus recommandables.

Le mouvement habituel d'un asile départemental dépendra de deux rouages principaux :

1° L'emploi des recettes et des dépenses créditées au budget.

2° Le maintien de la discipline intérieure.

Deux choses parfaitement distinctes et faciles à séparer dans l'action administrative.

L'administration sera dirigée dans son ensemble par une commission instituée près du préfet du département où sera situé l'asile, et sous sa présidence.

Cet commission sera composée ainsi qu'il suit :

Le Préfet, *président.*

Le président du tribunal civil de l'arrondissement.

Un conseiller de préfecture.

Un membre du conseil géneral du département, habitant le canton où est situé l'asile.

Un membre du conseil d'arrondissement, dans les
mêmes conditions.

Le maire de la ville.

Le juge de paix du canton.

Le médecin en chef de l'établissement.

Deux membres à la nomination du gouvernement.

Cette commission se réunira à des époques déterminées
par un réglement particulier d'administration. Deux administrateurs seront pris dans son sein.

L'un d'eux aura dans ses attributions, l'administration
proprement dite. Sa surveillance portera spécialement sur
la gestion de l'économe.

Cet employé, dont toutes les opérations sont soumises
aux formes d'une comptabilité aujourd'hui rigoureusement
établie, à des écritures journalières et à une responsabilité très-étroite, suffira, sous la gouverne de l'administrateur, pour assurer le bien-être (tout ce que nous avons déjà
dit, doit témoigner que, sur ce point, nous sommes difficile) des aliénés entretenus dans l'asile, pour maintenir les
dépenses sous les lois d'une économie sévère.

Un second membre de la commission administrative sera
chargé de la direction du personnel et du maintien de la discipline. Le mouvement des malades et tout ce qui se rattache
à leur entrée ou à la surveillance dont ils sont l'objet, les
moyens d'isolement qu'il faut leur appliquer, leurs travaux,
leurs jeux, leurs promenades, seront compris dans ses
fonctions.

Nous ne croyons pas avoir besoin d'ajouter que cette
charge ne peut être que du domaine du médecin en chef de
l'établissement tenu à résidence dans son enceinte. Il ressort
suffisamment de tout cet exposé, que la confier à quelqu'autre
serait un double emploi. Des détails ultérieurs indiqueront les

autres moyens d'administration, dont il nous suffit, en ce moment, d'arrêter les principaux éléments.

Du reste, l'autorité du médecin en chef sera appuyée et balancée, au besoin, par l'adjonction de médecins auxquels seront conférées des fonctions journalières et des fonctions extraordinaires dans l'établissement dont le service de santé sera ainsi composé :

Un médecin en chef.

Un médecin ordinaire.

Un chirurgien ordinaire.

Un médecin adjoint.

Un chirurgien adjoint.

Ces titulaires se réuniront tous les jours en majorité, après la visite du matin. La délibération portera exclusivement sur les objets concernant le service médical et la salubrité de l'établissement.

. Les membres de ce conseil (conseil de santé), s'occuperont plus particulièrement de l'examen des pièces produites à l'appui de l'admission d'aliénés ; ils concourront, avec le médecin en chef, à la délivrance des certificats exigés par les articles 8 et 11 de la loi du 30 juin.

Les établissements consacrés aux aliénés sont placés sous l'autorité du gouvernement, le concours indispensable de plusieurs départements pour l'entretien d'une seule maison retiendra nécessairement leur administration sous la surveillance immédiate du préfet du département où l'asile aura été constitué. Ces institutions auront des revenus qui leur seront propres, et qui pourront s'accroître de leurs économies. Leurs budgets et le compte d'administration de l'année antérieure seront arrêtés par la commission administrative qui y joindra un rapport détaillé sur le mouvement des entrées et des sorties , et en général sur la situation de l'établissement pendant cette même année. Ces pièces seront établies en temps utile pour être soumises à chacun des conseils généraux des départements participant à l'asile, de telle sorte que chacun de ces corps administratifs puisse ouvrir un avis dont s'éclairera le ministre pour l'approbation définitive qui lui appartient en tout état de cause.

On voit que nous avons multiplié les garanties , et que , sauf une opération toute matérielle, la vérification des pièces de dépenses à l'appui du compte qui aura lieu de la part du conseil général , de la circonscription qui renferme l'asile, tous les autres auront une part égale de contrôle et d'action sur l'institution à laquelle leurs départements seront intéressés , et leur surveillance envers elle peut devenir plus immédiate encore au moyen de commissaires qui peuvent être délégués pour la visite.

Nous ajouterons que la plupart des formes d'administration intérieure que nous proposons, existent pour l'hospice départemental de la Marne où leur application est facile.

Cette direction toute médicale, quant au personnel , évitera, on le sent, des collisions et des frottements auxquels n'échappent point entre eux les hommes de la prudence la plus consommée et du meilleur esprit quand ils se trouvent sur la même ligne d'activité; elle est conforme au mode d'administration des établissements publics d'aliénés le plus en réputation en Angleterre et en Allemagne.

Cette surveillance administrative pour tout ce qui à trait aux dépenses, est, d'un autre côté, en parfaite harmonie avec nos usages et nos lois modernes; elle l'est surtout avec les formes qui ont donné à notre comptabilité une haute importance en France et une réputation méritée à l'étranger.

Du travail manuel considéré comme partie essentielle du trai-
tement de l'aliénation mentale.

Dans les considérations qui précèdent, nous nous sommes
attaché à mettre en évidence tout ce qui doit entrer en première ligne dans la constitution d'un établissement consacré
au traitement des maladies mentales. Les développements
auxquels nous nous sommes livré ont pour objet d'établir
des conditions fixes, des nécessités nettement déterminées,
auxquelles doit se subordonner rigoureusement l'application
locale dont nous sommes près de faire l'exposé.

En accomplissant cette dernière partie de notre tâche,
nous y aurions laissé une lacune reprochable si nous
avions négligé de parler d'un moyen puissant d'agir sur
la mobilité d'esprit des aliénés, de commander à l'activité
désordonnée de leurs idées, de leur procurer du sommeil,
de parvenir enfin à contrebalancer l'exaltation du système
nerveux, accident principal de la folie; ce moyen consiste
dans un exercice sagement ménagé du système musculaire,
qui, en employant les forces de l'aliéné, applique sa volonté
et son intelligence à des occupations où elles puissent concourir pendant un temps un peu prolongé sans changer d'objet ou se fatiguer.

Le travail soustrait encore les aliénés à l'ennui qui de
toutes les causes de surexcitation nerveuse et de désordre mental est la plus incessante, qui conduit le plus promptement
les malades retenus dans une enceinte resserrée, à l'incu-
rabilité.

Malheureusement cette question si importante est une
des moins avancées pour sa solution dans la pratique. Elle ne

se rattache point seulement à l'organisation intérieure et au développement d'un hospice d'aliénés, elle tient aussi à un problème d'économie administrative, non encore résolu d'une manière générale à l'égard des communautés instituées dans un but de charité ou de répression.

Avec le progrès actuel de l'industrie dont le succès partout se fonde sur la force mécanique substituée à la puissance motrice de l'homme, sur la régularité et la perfection, surtout sur l'abondance des produits, il deviendra, tous les jours, plus difficile d'occuper fructueusement un grand nombre d'individus retenus dans une enceinte commune. Il n'y a guères, en France, de moyens de travail régulièrement organisés que dans les prisons centrales; dans les bagnes, les maisons de détention, les hospices et les dépôts de mendicité, le travail n'est procuré aux réclus ni dans la mesure de leurs forces ou de leur possibilité, ni dans celle de leur nombre. Nous croyons bien qu'avec de la persévérance et de la suite en administration, qu'en ajoutant sans se lasser, sans se décourager, des applications bien entendues à des vues judicieuses, des vues meilleures à des applications peu satisfaisantes, on parviendra à atténuer les imperfections de nos systèmes de bienfaisance ou de punition.

Les obstacles, il est vrai, sont nombreux, car cette extension, ce mode d'action de l'industrie, dont nous avons parlé, n'est ni le seul ni le plus difficile peut-être à surmonter ; nous sommes heureux d'ajouter que, malgré des apparences contraires, on peut obtenir plus facilement qu'ailleurs le résultat cherché dans les asiles des aliénés, en les supposant constitués dans les conditions que la science a posées.

Une fusion de l'industrie agricole avec l'industrie manu-
facturière a été proposée en France, elle a été déjà mise en
pratique à l'étranger dans des établissements charitables ; nous-
mêmes, nous avons eu l'occasion d'émettre ailleurs quelques
vues à ce sujet. Ces vues partout s'appliquent à des opérations d'agriculture sur des terres sans valeur, à des défriche-
ments. Les aliénés, au contraire, doivent être appliqués à la
culture sur des terrains où la végétation est favorisée par la
bonté du sol. Après tout ce que nous avons dit, on se persuadera aisément que leur docilité parfaite se prêtera facilement à tout ce qui leur sera demandé ; leur travail sera donc
fructueux.

Déjà à Bicêtre d'heureux essais où le zèle des médecins a
concouru avec celui des administrateurs, ont eu lieu à la Ferme de la santé, entre la barrière de ce nom et Gentilly et sur
les terres attenant à l'établissement. Bien que des femmes
puissent être appliquées, dans quelques cas, à des travaux des
champs, ces cas nécessairement sont exceptionnels, et nous
répondons d'avance à l'objection qui ne pourrait manquer
de se présenter à leur sujet, par un document que nous ti-
rons d'une notice statistique publiée par M. le docteur de
Boutteville, directeur de l'Asile de la Seine-Inférieure.

Nous sommes heureux de trouver l'occasion d'adresser à
cet estimable confrère des remerciements, que nous lui of-
frons avec autant d'empressement qu'il en a mis à nous procurer, lors d'un voyage que nous avons fait à Rouen, en 1833,
des renseignements multipliés, qui ont été d'une grande
utilité dans la constitution administrative de l'hospice de la
Marne.

La population de l'Asile de la Seine-
Inférieure a produit, pendant quatre
années, 1831 — 1834 619,779

Moyenne pour une année. 154,944
  Idem, pour un jour 425 aliénés
    des deux sexes.
Il y a eu pendant la même période. . 132,050 } Journées
                                                  de
Moyenne pour une année. 33,012   travail.
  Pour un jour 90 travailleurs ;
  Mais le travail a été très-inégal entre
les sexes.
  Les hommes ont produit. 36,621
  Les femmes. 95,429
      Total égal. 132,050

La population générale s'est partagée
pour une année moyenne, en. 70,823   Journées
                                              d'hommes.
                                      84,121   Journées
                                              de femmes.
      Total égal. . . . 154,944

D'où il suit, par des déductions faciles à opérer, qu'à
Saint-Yon, sur 195 hommes, 25 sont appliqués à un travail
manuel ; que sur 250 femmes, on en compte 65. En d'autres termes, de sept aliénées, deux travaillent ; de huit aliénés, un seul.

6

Les tableaux publiés par M. de Boutteville, nous permettent aussi d'apprécier la nature des travaux.

Sont employés à des travaux de jardinage. 10 ⎫
    Id.   *id.*   de menuiserie ⎪
                   et serrurerie. 3 ⎪
    Id.   *id.* de sciage du ⎪
        bois de chauffage, etc., etc. 1 ⎬ Hommes.
De couture, d'habillements. . . . . . . 1 ⎪
A des corvées ou occupations diverses. . 10 ⎪
               Total égal. . . . 25 ⎭

Sont appliquées à des travaux de couture ⎫
d'objets de lingerie et vestiaire. . . . . . . 45 ⎪
De blanchissage. . . . . 13 ⎬ Femmes.
A des corvées ou occupations diverses. . 7 ⎪
               Total égal. . . . 65 ⎭

Nous tirerons de ces énoncés une dernière conséquence,
c'est que dans l'asile de Saint-Yon, au sein d'une popula-
lation éminemment industrielle, s'il n'a point été possible
d'introduire l'industrie manufacturiere et d'y instituer aussi
généralement, aussi régulièrement qu'il convient les moyens
de travail qu'elle procure, il ne le sera en aucun autre établissement. Nous pensons, en effet, que la culture du sol est
la seule industrie dont il soit donné de tirer bon parti dans
un hospice d'aliénés, c'est aussi la seule dont la salubrité soit
incontestable; c'est encore la plus appropriée à l'état mental
des deux sexes, pendant une partie de l'année. Il faudra y
ajouter, durant l'hiver, pour toute la population, quelques

métiers d'un apprentissage facile, quelque industrie assez bornée pour être à l'abri de la concurrence des machines.

Nous nous garderons d'ajouter un mot de plus à ces considérations d'une haute importance, mais qui ont besoin d'être traitées avec précision. Nous regrettons de ne pouvoir y mettre toute celle que nous voudrions. Les circonstances sous l'empire desquelles nous écrivons, nous commandent de faire vîte ; ce travail devant être soumis à des corps administratifs dont la réunion est prochaine. Il porte déjà plus d'une empreinte de la précipitation que nous sommes forcé d'y mettre. Toutefois, nous éprouverions un profond chagrin si la faiblesse de notre exposé nuisait à la clarté de vues que nous n'avons voulu émettre qu'après nous être convaincu nous-même, par un examen sévère, de la possibilité, de la facilité de leur application.

§ IV.

Exposé des moyens de construire un Asile central d'aliénés au chef-lieu du département de la Marne.

—

Le projet que nous présentons comportait des considérations préliminaires sur tout ce qui a été fait, sur tout ce qu'il est nécessaire encore de faire dans un système de traitement où la pratique doit se trouver d'accord avec les principes que la science a reconnus dans l'étude et l'observation de l'aliénation mentale, nous avons ainsi posé, dans nos premières divisions, un thème auquel doivent se rattacher toutes nos applications. Dans celle-ci nous donnerons place à des

détails d'administration qui permettront d'apprécier l'exactitude avec laquelle nous voulons et nous pouvons nous y
subordonner.

Nous ferons, en conséquence, la description de la localité sur laquelle nous opérons, nous la ferons suivre
des détails nécessaires pour l'intelligence du plan qui
a été dressé sur nos indications. Nous tâcherons de faire
apprécier la direction médicale, le régime économique, en
général, les soins qui seront attribués aux aliénés confiés à
l'asile proposé. Cette partie, la plus importante de notre travail, sera appuyée de tableaux que nous avons extrait du
réglement d'administration intérieure de l'hospice de la
Marne, et qui nous dispenseront de plus amples développements Nous y réunirons des documents divers pour
établir d'une manière certaine la dépense annuelle de l'institution, pour faire ressortir la répartition de cette dépense
entre les diverses catégories, quant aux conditions de leur
admission, des aliénés qui y seront entretenus. Nous arrive-
rons enfin avec le même mode, et par des calculs longuement, consciencieusement élaborés, à connaître les dépenses
de premier établissement et les ressources suffisantes pour
y satisfaire, en ménageant tous les intérêts qui doivent être
débattus dans une semblable constitution.

Châlons, à 41 lieues (est) de Paris, autrefois siége de
l'intendance de Champagne, aujourd'hui chef-lieu du département de la Marne, est situé, comme on sait, au milieu de vastes plaines. Sa population (13,000 habitants) est
disséminée dans une vaste enceinte qui renferme un grand
nombre de jardins. La ville, abritée au midi par des plantations, à l'ouest par une colline, reste complétement ouverte
aux vents de l'est et du nord, elle est ainsi dans des conditions particulières de salubrité.

La Marne, qui en baigne les murs, alimente des canaux qui coulent dans l'intérieur. A l'endroit où la distribution des eaux s'opère, le sol est élevé au-dessus du niveau de la mer de 77 mètres ; à partir de ce point, et en tenant compte des légères dépressions du terrain parcouru par les canaux, il s'élève, vers le nord, jusqu'au faubourg Saint–Jacques, qui est à 92 mètres de hauteur. Ce faubourg ne se compose que d'un bâtiment militaire (les pavillons du manége) et de quelques habitations groupées çà et là ; dans sa partie la plus reculée, au nord, était un petit bourg, fort anciennement nommé Ostende. Il n'en restait qu'une ou deux maisons qui en avaient conservé le nom, à l'époque où la place a été prise pour y bâtir un dépôt de mendicité (1768), transformé en maison de détention (1792), puis rendu à sa première destination (1809), l'hospice départemental de la Marne y a été constitué en 1834.

Le terrain occupé aujourd'hui par l'hospice, réuni à celui que nous proposons d'y ajouter, formera un triangle déterminé par la route royale de Châlons à Reims ; par une seconde route royale, en voie d'établissement, de Châlons à Mézières, à laquelle se substitue, après un parcours de 300 mètres, un large chemin vicinal qui conduit à un coteau planté d'arbres fruitiers et de vignes, à un kilomètre de la maison actuelle ; par une ligne venant de ce chemin, former un angle droit avec la route de Reims, à 750 mèt. de son embranchement avec celle de Mézières. L'enceinte, ainsi circonscrite, renfermera 198,090 mètres carrés, près de 20 hectares.

L'entrée de l'établissement est aujourd'hui à 430 mètres d'une des principales portes de la ville (la porte St-Jacques). Une grille, avec deux pavillons au point de jonction des deux routes, à 200 mètres de cette même porte, fermera une seconde ouverture sur un carrefour, où viennent aboutir encore la route royale de Paris à Metz et une communication avec une autre porte de la ville (la porte St-Antoine), par une promenade plantée de tilleuls (les allées St-Antoine).

Nous sommes obligé de décrire minutieusement quelques autres dispositions qui font le mérite principal de la Maison de santé départementale de la Marne (Cette dénomination a été substituée à celle d'hospice). Ce mérite, par un heureux accident, est de beaucoup relevé encore dans les combinaisons du plan proposé. La cour d'entrée, ouverte depuis deux ans , aboutit à une grille qui forme la clôture du préau de la chapelle ; elle est limitée, du côté du midi, par une terrasse élevée de 4 mètres, sur un bassin occupé par un verger appartenant à l'établissement, et par des jardins maraîchers. Ce bassin doit son existence à l'exploitation qui a été faite de son terrain, dont la ville a tiré, pendant une longue période d'années, sa terre à maçonner. Le sol, dont une couche épaisse de terre végétale a été enlevée, est médiocre pour la culture ; il est excellent pour des constructions. Ce terrain, d'une contenance de deux hectares, est destiné, dans le plan dressé sur nos indications, à recevoir quatre quartiers partagés en treize sections, pour admettre les aliénés du sexe masculin. Le côté du nord de la cour d'entrée est fermé par un bâtiment élevé d'un étage, dans lequel ont été placées toutes les dépendances de la lingerie. Au rez-de-chaussée sont les bureaux de l'administration, la lingerie et une double infirmerie de femmes, donnant sur une seconde cour. La longueur totale du bâtiment est de 70 mètres ; en prolongeant cette ligne dans une égale étendue , et la coupant à son milieu par une autre de 200 mètres de longueur, le point d'intersection sera le milieu d'un parallélogramme, qui ren-

fermera, sur un espace de 32,200 mètres carrés (3 hect.
20 ares), tous les bâtiments de l'hospice, tel qu'il existe
aujourd'hui, et tous ceux nécessaires à l'asile central. Au centre
se trouve le logement du chef actuel de l'administration , des
appartements duquel , au premier étage, on découvre , sans
exception, toutes les issues des quartiers divers de l'établissement.

La nature du sol sur lequel celui-ci est assis , répond parfaitement à tous les avantages qui ressortent de l'esquisse
rapide que nous venons de tracer. Jusqu'au bas du coteau
dont nous avons parlé (le Mont-Héry), le sol est le produit
d'une alluvion puissante ; il est formé, à partir de la surface,
par trois pieds d'un terrain aisément perméable aux eaux
pluviales, meuble, facile à cultiver, où le carbonate de
chaux domine ; une couche de terre à bâtir est au-dessous,
d'une égale épaisseur. Plus bas se trouvent vingt pieds d'une
craie très-fragmentaire, et endurcie au point de constituer
un très-bon sable pour les allées des jardins. Dans la partie
inférieure de ce sédiment existe encore la craie en une couche
mince de gravier roulé ; à partir de ce point, elle apparaît en
fragments plus gros jusqu'au banc de craie qui reparaît com-
pact et solide à une profondeur de 40 pieds.

Le sol, en prenant pour point de départ la terrasse
dont nous avons parlé, au sud de la cour d'entrée, s'élève
par une pente insensible et avec quelques mouvements de
terrain jusqu'au bas du coteau où nous avons placé la limite
de l'établissement vers le nord. Le coteau formé tout entier
par le banc de craie, n'a, à son sommet, qu'une hauteur
de 116 mètres.

Les puits qui desservent l'établissement sont creusés à 32
pieds. L'eau qu'ils fournissent n'a point les défauts qu'on peut
reprocher à celle des parties de la ville les plus rapprochées

du lit de la rivière; elle est, à Ostende, légère et sapide, elle dissout promptement le savon; les légumes secs y cuisent facilement.

L'établissement enfin, par sa position naturelle, surtout par la disposition de ses bâtiments, est complétement dégagé à l'est; le vent de ce côté a un libre accès dans la plupart de ses cours.

Nous avons insisté un peu longuement sur cette description par ce qu'elle se rattachait au point le plus important, aux conditions de salubrité qui, comme on l'a déjà remarqué, sont parfaites.

Ce que nous pourrions ajouter se concevra plus facilement à la vue même des plans dont nous donnons ici la légende.

Légende.

A. A. ADMINISTRATION ET SERVICE GÉNÉRAL.

I. — COUR D'ENTRÉE.

1. Concierge. — 2. Chambre de réception des aliénés. —3. 3. 3. 3. Bureaux des entrées et des couseils d'administration et de santé. — 4. Ouvroir. — Au-dessus, et dans toute l'étendue du bâtiment, logement de la maîtresse lingère, plioir, séchoir, magasin pour le linge, vestiaire et autres dépendances de la lingerie. — 5. Cuisine, vestibule et escalier menant à l'appartement du médecin en chef. —6. 6. Ecurie et remise.

II. — COUR DE LA CUISINE GÉNÉRALE.

7. 7. 7. Cuisine et ses dépendances. — 8 et 9. Dépense et paneterie. — 10. Tisanerie.

III. — PRÉAU DE LA CHAPELLE.

11. Chapelle. — 12. 12. Appartement de l'aumônier. — 13. Salle de récréation. — 14. Bibliothèque — Communiquant au premier étage d'un des pavillons de la division des aliénés en traitement de la manie ; au-dessous passage aboutissant, d'une part, au rez-de-chaussée du pavillon ; de l'autre, avec la cuisine, par un passage souterrain.

IV. — PRÉAU DES ATELIERS DES HOMMES ET JARDIN DE RÉCRÉATION.

Des ateliers où les aliénés pourront être appliqués à divers travaux de leur profession, seront établis dans des constructions en soubassement du logement de l'aumônier et de la salle de récréation ; à l'extrémité la plus rapprochée de la chapelle, dépôt des morts et salle d'anatomie.

15. 15. Jeux de bague, de boule, etc., etc.

V. — PRÉAU DES ATELIERS DES FEMMES.

16. 16. Bureaux de l'économat. — Au-dessus, logement de l'économe. — 17. Réfectoire des employés. — 18. 18. 18. Buanderie et ses dépendances. — Au-dessus, et dans la plus grande partie de l'étendue des bâtiments, séchoirs, logement de la maîtresse lessiveuse, dortoirs des aliénées tranquilles, employées à des travaux dans le quartier. — 19. Bains pour les femmes de la 2ᵉ de la 4ᵉ et de la 5ᵉ division. — Boulangerie. Au-dessus, magasin pour les farines. — 21. Parloir.

VI. — PAVILLONS ET GRILLE DE SORTIE DONNANT SUR LE CARREFOUR SAINT-JACQUES.

21. 21. Parloirs.

VII. — JARDIN POTAGER.

VIII. — PARC DE CULTURE.

22. Ferme et ses dépendances. — 23. Cimetière.

B. B. B. QUARTIER DES HOMMES.

I. — DIVISION DE L'OBSERVATION DU TRAITEMENT.

1. MANIE SEMI-TRANQUILLE.
$\begin{cases} a\,a \text{ dortoirs.} \\ b\,b \text{ cellules.} \\ c' \text{ chauffoir.} \\ d' \text{galerie et préau.} \end{cases}$

2. MANIE AGITÉE.
$\begin{cases} b'\,b' \text{ cellules.} \\ c' \text{ chauffoir.} \\ d' \text{galerie et préau.} \end{cases}$

3. MANIE TRANQUILLE.
$\begin{cases} a''\,a'' \text{ dortoirs.} \\ c'' \text{ chauffoir.} \\ d'' \text{ préau.} \end{cases}$

4. Chambre de garde de la division. — 5. 5. Réfectoires. — 6. Promenoir couvert. — 7. Bains de la division. — 8. Salle de préparation des bains des 1re, 2e et 3e divisions, — 9. Pompe. — Au-dessus, réservoir pour la distribution de l'eau dans le quartier des hommes — 10. Jardins de la division.

II. — DEUXIÈME DIVISION DU TRAITEMENT.

11. Infirmerie pour les maladies incidentes. — 12. Galerie servant de chauffoir. — 13. Salle des convalescents. — 14. Galerie servant de chauffoir. — Toute cette partie de bâtiment est de plein pied avec la cour d'entrée; elle communiquera par des escaliers ou des rampes avec le préau de la division. — 15. Chauffoir des aliénés mélancoliques. Au-dessus, dortoir. — 16. Chauffoir des aliénés disposés au suicide ou à l'homicide. Au-dessus, dortoirs. — 17. Bains communs à la 2e et à la 3e division.

III. — DIVISION DES ALIÉNÉS HORS DE TRAITEMENT.

18. GATEUX.
$$\begin{cases} aa \text{ dortoirs.} \\ bb \text{ cellules.} \\ c \text{ chauffoir.} \\ dd \text{ galerie et préau.} \end{cases}$$

19. AGITÉS.
$$\begin{cases} b' \text{ cellules.} \\ c' \text{ chauffoirs.} \\ d' \text{ galerie et préau.} \end{cases}$$

20. ÉPILEPTIQUES.
$$\begin{cases} a'' \text{ dortoirs.} \\ b'' \text{ cellules.} \\ c'' \text{ chauffoir.} \\ d'' \text{ préau.} \end{cases}$$

21. Chambre de garde de la division. — 22. Réfectoires. — 23. Promenoir couvert.

IV. — DES PENSIONNAIRES AGITÉS ET SEMI-AGITÉS.

24. Cellules. — 25. Réfectoires. — 26. Salon de réunion. — 27. Préau. — 28. Jardin de la division.

V. — DIVISION DES PENSIONNAIRES CONVALESCENTS ET MÉLANCOLIQUES.

29. Cellules. — 30. Réfectoire. — 31. Salon de réunion. — 32 Préau. — 33. Jardin de la division. — 34. 35. Bains. — 36. 36. Chambres pour les gardiens. Au premier étage du bâtiment des pensionnaires, chambres et dortoirs.

La clôture de chaque division a été indiquée seulement par des lignes légèrement ponctuées dans les préaux et les jardins; elle aura lieu au moyen de palissades dissimulées par des massifs de verdure ; chaque division pourra se subdiviser de la même manière, en deux sections.

C. C. QUARTIER DES FEMMES.

Mêmes indications que dans le quartier des hommes pour les services correspondants.

Dans la distribution que ce plan comporte, il a fallu se raccorder avec les constructions existantes ; il n'a pas été possible de donner, aux cours de la division des aliénées en traitement et de celle des incurables, un espace proportionnel à celui du quartier des aliénés. Ce défaut, plus apparent que réel, est racheté amplement par l'exposition de toute cette partie de l'établissement. Abritée du nord et de l'ouest par des bâtiments plus élevés, elle est dégagée entièrement du côté de l'est et du midi. On remarquera d'ailleurs tout ce que l'agencement des pièces dont ces deux divisions se composent, offre de facilité à une bonne surveillance.

Nous étions plus à l'aise pour les dispositions correspondantes chez les hommes. Là, nous avions des quartiers entièrement neufs à construire. Nous pourrions justifier notre établissement de trois sections en un seul corps de bâtiment, par la nécessité de nous subordonner au terrain sur lequel nous opérions, et par celle de réduire, autant que possible, la dépense nécessairement élevée dans une création de cette importance. Ces considérations, dont l'une ou l'autre pouvait être regardée comme capitale, ne sont point entrées pourtant en première ligne dans notre pensée ; les conditions qui nous commandent eussent été différentes que nous n'eussions point agi autrement ; en effet, il nous a paru que le bien qui doit résulter d'un bon classement d'aliénés, est subordonné à la nécessité d'établir un système de surveillance tel, que, sans augmenter outre mesure le nombre des employés, on puisse obtenir tous les avantages qu'on ne rencontre guères à cet égard, que dans les meilleurs instituts privés. Nous avons donc établi, à l'entrée d'un vaste pavillon, une chambre de garde, où se tiendra le surveillant de la division, et de laquelle il pourra se porter facilement dans les trois sections qui la composent. Nous lui adjoignons deux infirmiers placés sous ses ordres, du service desquels il aura la responsabilité. Enfin, ce rapprochement de trois catégories d'aliénés, loin d'être en contradiction avec le principe de séparation des malades en diverses classes, est au contraire utile pour la pousser plus loin; nous nous sommes préparé ainsi les moyens de pratiquer, dans la population des deux quartiers à construire, des subdivisions indiquées déjà par le plan, et qu'il sera facile d'opérer à l'occasion.

En général, dans cette distribution, nous nous sommes dirigé, quelque peu d'après notre propre expérience, et beaucoup plus d'après celle des praticiens qui doivent une position élevée dans la science médicale ou dans l'administration aux progrès qu'ils ont fait faire à la thérapeutique des aliénés. Nous leur avons fait de nombreux emprunts. Ainsi nous avons pris de M. Esquirol cette forme quadrilatère, si gracieuse, si commode pour le service et la surveillance, qui offre, à l'esprit égaré des aliénés, des moyens puissants de diversion; nous avons improvisé d'importantes dispositions sur la vue du plan d'une maison de santé à Mont-Rouge, où M. Ferrus a révélé des vues neuves et judicieuses; nous lui devons particulièrement l'idée d'une galerie centrale où nos aliénés pourront, dans les temps les plus contraires, satisfaire leur besoin d'exercice et de promenade, où des moyens de travail et de récréation, pendant l'hiver, pourront être organisés. Nos souvenirs nous ont reporté à une époque où nous avons visité l'établissement de MM. Falret et Voisin à Vanvres; nous venions d'être attaché à un service médical où se

trouvaient compris des aliénés. Le développement de notre
terrain nous a permis d'imiter un corps de ferme qui figure
agréablement comme fabrique dans le bel enclos de Vanvres. C'est le but d'une promenade des plus favorable, au rétablissement des aliénés en voie de guérison ; chez nous elle
leur sera accordée comme une faveur et une récompense
pour leur docilité, et pour leur déférence aux prescriptions
des médecins et aux avis de leurs surveillants. Nous nous
sommes approprié, enfin, le plus que nous avons pu de ce
qui appartient à M. Desportes, dans les dispositions exté-
rieures et intérieures, des belles constructions de Bicêtre et
de la Salpétrière.

Il ressortira suffisamment aussi de la vue de notre plan,
que nous nous sommes rattaché à un principe généralement
reconnu, à une observation que l'expérience confirmera de
plus en plus, c'est que la plupart des aliénés peuvent habiter,
pendant le jour, dans des chauffoirs ou des promenoirs, y
jouir en communauté de toutes les dispositions qui y auront
été ménagées pour leur rétablissement, que pendant la nuit ils
peuvent être réunis dans un dortoir, qu'un infiniment petit
nombre ont besoin d'être renfermés et complétement isolés.
Nous avons donc placé beaucoup plus de lits dans des salles
que dans des cellules, et encore celles-ci, à l'exception de
quelques-unes, ne serviront-elles que de chambre à coucher.

Nous avons adopté pour les dortoirs ou les infirmeries,
les dispositions des quartiers nouveaux de la Salpétrière ;
ceux du rez-de-chaussée auront, sous les lits, un parquet
élevé de 11 centimètres au-dessus du sol ; le reste des salles
sera pavé en briques ou en dalles ; les salles des gâteux seront
disposées, comme celles de Bicêtre, de manière à ce que

chaque lit soit posé sur le rebord taillé à plat, d'une pierre légèrement creusée, sous laquelle l'eau arrivera au besoin. Des dispositions analogues seront institnées dans les cellules des gâteux; les autres auront un bon plancher; dans toutes, les murs seront revêtus, jusqu'à la hauteur de 7 pieds au moins, d'un lambris en planche de chêne ou de sapin d'une épaisseur suffisante. Nos dortoirs comme nos cellules seront largement aérés, quelques-unes de celles-ci auront deux portes, l'une donnant sur la galerie du préau de la section, l'autre s'ouvrant sur un promenoir couvert; elles sont réservées aux aliénés les plus agités. Nous nous dispenserons d'en défendre la sortie par des barreaux aux fenêtres. Nous y suppléerons par une forte persienne en chêne, bien établie dans son assemblage, qui s'appliquera au-dedans de l'embrasure et sur laquelle une fenêtre en vitrage pourra se refermer.

Les couchettes des aliénés agités ou gâteux seront en forme de coffre, de manière à ce qu'on puisse les garnir d'une couche épaisse de paille, et y ajouter, selon les conditions de propreté ou de malpropreté du malade, un ou deux matelas. Toutes ces couchettes auront un fond en planches à claires-voies. Ces dispositions, réunies à celles dont nous venons de parler, nous paraissent préférables à des appareils de literie beaucoup plus compliqués. Elles sont pratiquées depuis plusieurs années dans la Maison de santé de la Marne, nous nous en trouvons fort bien. On a soin d'emplir les lits des aliénés auxquels on ne peut point donner de matelas, de paille d'avoine ou d'orge, qui offre un coucher plus doux que la paille de seigle ou de froment. On la change ainsi que les draps, aussi souvent qu'il est nécessaire. Des ouvertures, en carré, sont pratiquées sur les côtés de la couchette, aux pieds et à la tête; elles donnent passage aux liens avec lesquels l'aliéné, dans certains cas, est assujetti dans son lit. Il est besoin, ainsi que nous l'avons déjà indiqué, de recourir souvent à cette mesure qui calme presque toujours l'agitation du malade, laquelle augmente par les mouvements désordonnés auxquels il s'abandonne. La manière dont l'aliéné la supporte dépend surtout des ménagements et des soins qu'on prend pour l'appliquer. Nos aliénés en état de manie très-agitée, sont retenus au moyen de liens qui portent sur un mouchoir qui leur prend les pieds, sur des brassières attachées par-derrière à la camisole de sûreté, sur les manches de la camisole par-devant. De cette façon aucun lien ne porte directement sur les membres; aussi il n'en est aucun qui ne laisse prendre facilement, et presque sans résistance, ces précautions contre lui. Beaucoup d'entre eux les réclament de leurs surveillants à l'entrée de la nuit.

Nous croyons avoir dit plus haut que rien n'était indifférent à l'égard des soins que demandent les aliénés, et nous laisserons voir combien nous sommes pénétré de cette idée, en ajoutant d'autres détails à ceux déjà très-minutieux où nous venons d'entrer.

Depuis long-temps nos remarques s'arrêtaient avec chagrin sur l'état déplorable dans lequel les vêtements des aliénés demeurent presque toujours, quelque surveillance qu'on exerce, quelle que soit la libéralité ou les possibilités de l'administration pour leur entretien. La turbulence, la maladresse et la négligence des aliénés, en général, doivent nécessairement amener, dans leur habillement, un désordre en rapport avec celui de leur esprit. Nous avons trouvé quelques moyens facilement praticables contre cet inconvénient qui, indépendamment du spectacle affligeant que présente une réunion d'aliénés à demi-déshabillés, peut compromettre gravement la santé de ces infortunés.

La solution de ce petit problème d'économie administrative,

qu'on nous pardonne le terme beaucoup trop ambitieux pour la chose, est subordonnée à la difficulté de maintenir les parties constituantes du vêtement de l'aliéné dans l'état où elles se trouvent après qu'il s'est habillé, au moment de son lever, sous l'inspection de l'employé commis à sa surveillance. On aperçoit, du premier coup-d'œil, quelles parties de l'habillement seront exposées à être hors de leur place par le fait de l'aliéné lui-même ou avec l'aide de ses compagnons d'infortune. On conçoit encore que la question résolue pour les femmes ne le sera point tout à fait pour les hommes. En termes plus clairs il faut fixer, pour toute la journée, le pantalon et la veste chez les hommes, la jupe et le corps de jupe chez les femmes, les bas et la chaussure chez les deux sexes.

Nous suffirons à toutes ces nécessités, par un système d'habillement dont la partie essentielle sera une blouse, ouverte par-derrière, fermée par-devant, commune aux hommes et aux femmes. Elle maintiendra toutes les autres parties du vêtement; en même temps qu'elle préservera celui de dessous, elle empêchera d'être trop difficile sur le choix de l'étoffe qui ne se verra point. La jupe des femmes et le pantalon des hommes seront assujettis au moyen d'un corsage. L'embarras qu'on prévoit pour le pantalon sera facilement évité en y pratiquant une ouverture comme on le fait aux enfants qui ne sont point encore arrivés à l'âge de propreté, ou aux caleçons des femmes. La chaussure sera maintenue par des guêtres lacées, à la manière des voituriers ou des habitants de nos campagnes, au moyen de doubles cordelettes qui passent l'une dans l'autre ; celle du haut, plus prolongée, viendra se fixer sous le corps de jupe ou du pantalon, dans quelque endroit supérieur à la ceinture; celle-ci, pratiquée dans la blouse elle-même, sera assujettie par

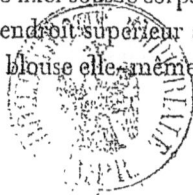

une boucle dont le mécanisme, des plus faciles, sera à la disposition du surveillant : elle assurera, à la fois, tout le système d'habillement et au besoin la camisolle de sûreté, sans que la volonté de l'aliéné, ou de ses compagnons, y puisse rien déranger.

Tout ce détail d'habillement pourra s'éclaircir encore par l'énumération que nous donnons dans les pièces à l'appui, des objets composant le trousseau d'un aliéné au compte des départements. Ce trousseau sera fourni par l'établissement à l'entrée de chaque malade; il sera repris à sa sortie. La dépense de l'entretien et du renouvellement sera pour chaque année du cinquième de la valeur de celle de premier établissement.

Nous sommes arrivé encore à propos de la dépense du trousseau à fournir aux aliénés indigents, à un résultat des plus satisfaisants, qui nous aurait surpris, si nous n'avions déjà acquis, par l'expérience, la certitude qu'il en est de même toutes les fois qu'une amélioration s'opère dans un esprit d'ordre, de détail et de persévérance. Après avoir essayé et modifié à plusieurs reprises, après avoir simplifié autant qu'il l'a fallu le vêtement auquel nous nous sommes arrêté, nous avons trouvé qu'il nous en coûterait un peu moins pour habiller nos aliénés sainement, décemment, confortablement, que ce que nous dépensions pour les habiller fort mal.

Nous sommes obligé d'entrer encore dans quelques détails d'organisation matérielle, d'une assez grande importance, mais sur lesquels nous ne serons point forcé de nous étendre, comme nous l'avons fait, sur ceux que nous venons d'exposer.

Nous comptons retirer un grand avantage pour la distribution de la chaleur, du rapprochement des sections qui composent nos quartiers, au moyen de calorifères placés dans des caves pratiquées sous les cellules réservées aux aliénés les plus agités, il sera facile de porter de l'air chaud dans toutes les pièces qu'il sera nécessaire d'échauffer; celles où la distribution sera plus régulière seront les chauffoirs et les réfectoires, les cellules des aliénés que leur agitation force d'isoler, et le promenoir couvert; on se ménagera les moyens de porter dans les grands froids de l'air chaud, aux heures du matin et du soir dans les dortoirs.

Il existe déjà dans l'hospice de la Marne une distribution d'eau des plus abondantes, et des plus générales. Nous maintiendrons nécessairement les quartiers nouveaux dans ces conditions d'un si grand prix pour la salubrité. Nous avons déjà indiqué un des meilleurs emplois que nous faisions de l'eau sous les lits des gâteux. Nous en faisons un usage non moins utile pour le lavage des lieux d'aisance. Toutes les latrines de l'établissement sont établies à la turque, le pavé est disposé de manière à opérer la séparation des urines et des eaux de lavage d'avec les matières qui sont reçues dans des tonneaux dont l'extraction a lieu par le dehors. Bien que nous soyions déjà très-content de ce mode de satisfaire à un service difficile dans tous les établissements publics, nous sommes sur le point d'y ajouter encore de grandes améliorations.

Nous n'avons point voulu adopter en principe général un seul service de bains pour toute la maison. Dans la plupart des cas, le bain est d'autant plus profitable à un aliéné qu'il peut, immédiatement après, se mettre au lit et y prendre du sommeil; il est indispensable dans ce cas qu'il ne se refroidisse point dans le chemin qu'il aurait à faire de son quartier à la salle des bains, qu'il ne trouve point sur sa route de nouvelles causes d'excitation; nous avons donc laissé des bains dans chaque quartier. Toutefois, comme en administration il ne faut jamais perdre de vue l'économie qui rend tant de bien possible, nous sommes parvenu dans l'agencement de notre plan à établir des appareils de chauffage qui permettront de porter de l'eau chaude dans plusieurs divisions.

Nos réservoirs d'eau froide sont également communs à différents quartiers; ils seront desservis par nos puits, et au moyen de pompes, mues à bras d'homme; il y aura toujours dans les établissements d'aliénés les mieux constitués, plus de bras que de moyens de travail, par conséquent la force motrice y sera surabondante; nous pensons, en conséquence, qu'il faut réserver les machines à vapeur dont l'établissement et l'entretien sont si dispendieux, pour des localités où l'eau est à une trop grande profondeur, pour ne pouvoir être amenée à la surface qu'avec une grande puissance.

Nous n'avons plus qu'une simple indication à donner encore sur le service médical et la discipline générale.

Trois médecins desserviront quotidiennement l'asile. Le médecin en chef sera chargé des divisions des malades en traitement, le médecin en service ordinaire, de celles des incurables et du traitement des aliénés atteints d'affections internes accidentelles, le chirurgien en service ordinaire, des divisions des épileptiques et du traitement des malades atteints de lésions externes.

Le médecin en chef aura de plus la surveillance générale de la discipline intérieure de l'établissement; en cas d'empêchement ou d'absence, il sera remplacé par le médecin; celui-ci et le chirurgien le seront par leurs adjoints. Ces derniers concourront, avec leurs confrères, aux délibérations du conseil de santé.

Cette direction toute médicale d'une maison d'aliénés,

cette surveillance générale remise entre les mains du médecin en chef, dont l'autorité et la vigilance devront être
continuellement en action dans l'asile, nous a fait résoudre
négativement la question que nous nous étions posée nous-
même sur l'introduction d'une communauté religieuse dans
l'établissement à créer. En effet, si l'on estime que le service des hommes aliénés exige, en tout état de cause, un
grand nombre d'employés du sexe masculin, que celui des
femmes réclame aussi beaucoup d'infirmières en sous-ordre,
on trouvera que le nombre des religieuses hospitalières sera
tellement restreint, qu'il n'y aurait aucune véritable utilité
à introduire, dans le mécanisme d'une organisation nouvelle, un rouage qui, partout où il existe, doit être le principe essentiel du mouvement intérieur.

On a dit, et avec raison, qu'une maison d'aliénés offrait
l'image de la société. En effet, là se retrouvent nos qualités
et nos défauts, nos vertus et nos travers. Toutes les modifications de l'esprit humain, toutes les nuances de l'état
social se font d'autant plus remarquer dans ce monde à part
que rien n'y est dissimulé ; tout y est en relief. Le rétablissement de la raison d'un aliéné dépendra souvent de l'appréciation qui aura été faite de son caractère. Comme il arrive
encore dans la société, une tendance exclusive peut se cor-
riger, ou au moins s'atténuer, dans une fréquentation et un
rapprochement de personnes de condition, de fortune,
d'éducation différentes ; l'introduction de pensionnaires,
dans un asile d'aliénés, offre donc une importante ressource
encore sous ce point de vue.

En prenant pour base d'une séparation générale des
aliénés entre eux, les conditions pécuniaires de leur admission dans l'asile, nous n'en ferons point une règle tellement
absolue que nous ne puissions, au besoin, soustraire un

aliéné, privé peut-être par le fait même du désordre de son esprit, des avantages d'une position sociale plus relevée, à l'humiliation de se trouver confondu avec des malades dont la manière d'être ferait, avec ses habitudes et son éducation, un contraste trop prononcé.

Dans la même intention, nous avons consacré, entre le préau de la chapelle et celui des ateliers, un salon de jeu et un cabinet de lecture accessibles aux aliénés de toutes les conditions. Dans une partie séparée des jardins qui font suite au préau des ateliers, seront établis des jeux de bague, de boule, etc., où les malades tranquilles et convalescents trouveront du divertissement et un exercice salutaire : la permission de s'y rendre sera, comme les promenades dont nous avons parlé plus haut, une récompense de leur bonne conduite, et un encouragement à y persévérer.

Rétribution annuelle à payer par les départements pour chaque aliéné à leur charge dans l'asile. — Dépenses de premier établissement.

Chaque aliéné admis dans l'asile aura à payer une pension qui sera acquittée de ses propres deniers, ou de ceux de sa famille ; en cas d'insuffisance de sa part ou des siens, le département auquel il appartient, complétera la pension avec le concours de la commune de son domicile.

Quelle sera la quotité de la pension des aliénés au compte des départements ? Nous la fixons à 1 fr. 10 c. par journée, 400 fr. par chaque année ; elle sera payée par qui de droit, sur des états certifiés par l'administration. Le réglement par journée nous paraît préférable à un réglement par quartier ;

il est conforme au mode adopté en administration, dans des cas analogues ; nous l'adopterions même au besoin pour les classes supérieures. En effet, il est de principe qu'un aliéné doit sortir aussitôt sa guérison jugée assez avancée par les médecins. Or, il est arrivé plus d'une fois qu'un quartier étant payé d'avance, la rentrée du convalescent dans sa famille a été ajournée par des considérations pécuniaires, tout-à-fait en désaccord avec l'esprit qui a présidé à son traitement.

Indépendamment de nos propres recherches, nous avons des données positives pour la fixation de la journée à 1 fr. 10 c. Les départements de l'Eure, de Seine-et-Oise, même celui de Seine-et-Marne, paient, à l'hospice départemental de la Seine-Inférieure, 450 fr. par an, pour chaque aliéné qu'ils y envoient, à peu-près 1 fr 28 c. par journée. Le prix que nous proposons permettra de suffire à tous les besoins ordinaires ; il permettra encore, en faisant entrer en ligne de compte les bénéfices obtenus sur les pensionnaires, d'avoir, par chaque année, un fonds de réserve d'environ 30,000 fr., qui pourra être employé :

1° Pour des cas de nécessité imprévue ; par exemple, un renchérissement excessif des denrées.

2° Pour compléter l'établissement, une fois que les dépenses les plus pressantes seront opérées.

3° Pour se capitaliser, une fois l'achèvement terminé, et constituer à l'établissement des revenus, qui viendront en dégrèvement de la dépense imposée à chaque département, et pourront, avec le temps, les décharger de toute rétribution, ou la réduire à un très-léger sacrifice.

Nous estimons, ainsi qu'il suit, les dépenses de premier établissement.

ÉTAT *des Recettes et des Dépenses pour le* 1er *établisse-*
ment de l'Asile central.

RECETTES.

1° Mise de fonds du départem.^t de la Marne..   489,506^f
2° ————— de l'Aisne   135,836
3° ————— des Ardennes   49,828
4° ————— de l'Aube   73,352
5° ————— de Seine-et-Marne   148,044
6° ————— de l'Asile   442,561

                                                 1,339,127

DÉPENSES.

1° Achat de terrain au sud de l'établissement
    (superficie 2 h. 9 ar. 40 c.)   61,200
2° Valeur estimée de l'établissement actuel, y
    compris 177,637 fr. 54 c., dépensés pour
    la constitution de l'hospice de la Marne.
    (superficie 3 h. 69 ar. 40 c.)   400,000
3° Achat de terrain au nord de l'hospice. (Su-
    perficie 14 h. 2 ar. 10 c.)   55,684
4° Frais de construction pour l'élévation des
    murs de l'enceinte, pour un enclos de
    19 h. 80 ar. 90 c   69,260
5° Frais de construction des bâtiments.   500,000
6° Valeur actuelle du mobilier, lingerie, lits et
    meubles divers, d'après le dernier invent^{re}.   89,506
7° Linge, literie et meubles à acheter.   163,477

                                                     1,339,127

Une bonne organisation ne dépend point toujours du

chiffre absolu de la dépense; elle dépend davantage du temps pris pour l'opérer. Si cette organisation doit avoir lieu dans un temps fort court, les ressources peuvent manquer pour y satisfaire. Si, au contraire, une création peut se faire partiellement, et d'année en année, on aura évité tous les inconvénients, même ceux qui résultent souvent, pour l'exécution, d'une trop grande promptitude.

L'hospice départemental de la Marne est encore, à cet égard, dans des circonstances très-favorables. On peut y établir, dans l'espace de temps le moindre possible, des quartiers pour recevoir les aliénés des cinq départements. On peut, d'un autre côté, prendre tout le temps nécessaire pour compléter l'établissement, de telle sorte qu'il ne résulte, pour chaque département, qu'une charge insensible.

Les travaux les plus urgents, pour approprier la maison de santé de la Marne à sa nouvelle destination, demande-ront quatre années pour être achevés; dès la seconde, néan-moins, même dès l'année prochaine, si des mesures parti-culières étaient adoptées de la part de l'administration de la Marne, les malades atteints d'aliénation mentale, sous forme aiguë et susceptibles de traitement, pourront être admis, et recevoir tous les soins que leur état réclamera. Les départements appelés à cette constitution n'auront à y contribuer que pour une somme bien faible; leur contin-gent, calculé seulement sur leur impôt territorial, ne grevera que d'environ un demi-centime additionnel, l'ensemble de leurs contributions, et seulement pendant quatre ans.

Le plan que nous joignons à ce mémoire, embrasse toutes les améliorations praticables pour un système complet. Les travaux indispensables une fois terminés, elles s'opéreront successivement. Nous comprenons, dans les dépenses se-condaires, l'achat du terrain pour la culture, l'achèvement des clôtures, l'érection des bâtiments de service général, de ceux destinés à des aliénés pensionnaires. La maison de santé de la Marne a déjà un local suffisant pour réunir une quarantaine de malades des deux sexes, payant des pensions de 850 à 1,550 francs. Enfin, tout ce qui restera nécessaire pour compléter l'asile central, se prendra sur ses revenus ; il devra sa perfection à ses propres ressources.

Nous ne croyons point qu'en aucun autre endroit, qu'en aucune autre circonstance, un bienfait de cette importance puisse être obtenu à moins de frais et avec plus de facilité, et nous sommes heureux, après de longues et laborieuses recherches d'avoir la perspective d'un semblable résultat. Il nous permet de compter sur l'attention des autorités locales que notre travail intéresse plus particulièrement ; il nous fait espérer aussi que ce travail où nous n'avons pu vouloir d'autre moyen de succès que l'exactitude et la vérité, où nous sommes remonté autant que nous avons pu de l'application au précepte, concordera avec les intentions du Gouvernement pour l'amélioration du sort des aliénés, qu'il pourra s'associer à ces vues libérales qui sur tous les points de l'économie publique viennent chaque jour révéler combien, sous l'influence des hautes et généreuses pensées du Prince à laquelle une révolution toute de principes a confié les destinées nationales, la France peut encore ajouter à sa gloire par sa puissance et son activité intellectuelles, dans cette grande époque de progrès social et de perfectibilité.

PIÈCES A L'APPUI.

CIRCONSCRIPTION DE L'ASILE CENTRAL DE LA MARNE.

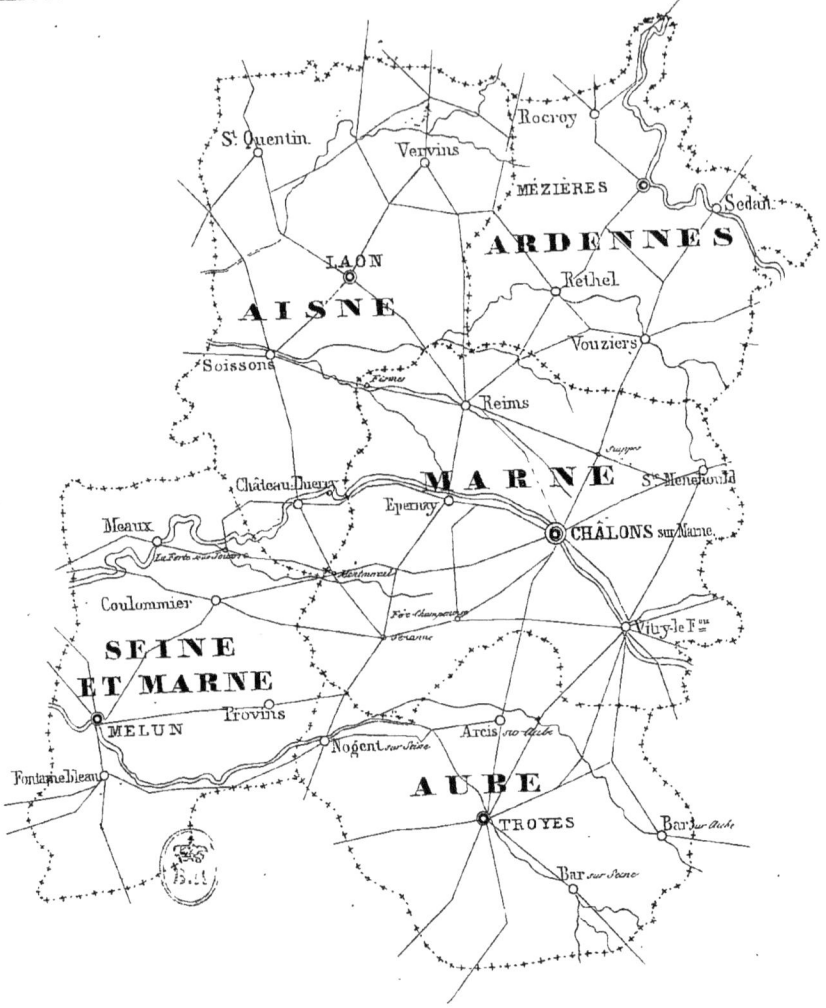

St. Quentin.

Rocroy.

Vervins

MÉZIÈRES

Sedan.

ARDENNES

LAON

Rethel

AISNE

Vouziers

Soissons

Fismes

Reims

Suippe

Château-Thierry

MARNE

St.-Menehould

Épernay

Meaux

CHALONS sur Marne.

La Ferté s.s. Jouarre

Morbronvaal

Coulommier

Fère Champenoise

Vitry-le-F^on

Vesanne

SEINE
ET MARNE

Provins

MELUN

Nogent sur Seine

Arcis sur Aube

Fontainebleau

AUBE

TROYES

Bar sur Aube

Bar sur Seine

Échelle de 50 lieues

5 10 15 20 25 30 31 40 45 50

Renseignements Statistiques sur les Départements dont la réunion est proposée pour la constitution de l'Asile central de la Marne.

Départements. Chefs lieux	Ardennes. Mézières	Aisne. Laon	Seine-et-Marne. Melun	Aube. Troyes	Marne. Châlons
Superficie	510,308 hectares	749,183 hectares	595,980 hectares	610,606 hectares	820,273 hectares
Population	289,633 habitants	513,000 habitants	323,693 habitants	246,361 habitants	337,076 habitants
Nombre d'aliénés déclarés en 1833	66 { 43 secourus / 41 non secourus }	105 secourus	92 { 52 secourus / 40 non secourus }	30 { 24 secourus / 6 non secourus }	133 secourus
Rapport avec la population	1 aliéné sur 4386 habitants	1 aliéné sur 4886 habitants	1 aliéné sur 3523 habitants	1 aliéné sur 4423 habitants	1 aliéné sur 2534 habitants
Rapport pour toute la France, nombre évalué 15,000 aliénés	5e sur 2200 aliénés / 12-3,779 f	9e sur 2400 aliénés / 3.385,943 f	8e sur 2400 aliénés / 3,701,138 f	11e sur 2200 aliénés / 1,833,880 f	9e sur 2200 aliénés / 2,379,152 f
Revenu territorial					
Dépense départementale appliquée au soulagement des aliénés	2500 f	33,000 f	11,000 f	15,000 f	29,807 f
Centimes pour franc ajoutés à l'impôt pour le soulagement des aliénés	0,200	0,971	0,297	0,817	1,256
Etablissements où sont reçus les aliénés du département	Maréville (Meurthe)	Dépôt de Mendicité à Montreuil sous Laon	St. Yon (Rouen) Maison Dubois à Paris	Maréville Châlons Charenton, la Salpêtrière	Hospice départemental à Châlons & Marne
Distance du chef lieu du département à ces établissements	43 lieues de poste		à Rouen 41 lieues de poste à Paris 11 D°. D°	à Nancy 41 lieues de poste à Châlons 39 D°. 12° à Paris 30 D°	
D°. de l'Asile de la Marne	24 D°	21 lieues de poste	37 D°. D°	18 D° D°	

Itinéraire des Villes principales de chaque département à l'Asile de la Marne.

	1re Ligne	1re Ligne	1re Ligne	1re Ligne	
	de Givet à Rocroy 9 / de Rocroy à Mézières 7 / de Mézières à Rethel 9 / de Rethel à Rheims 5 ... 106 lieues	de Laon à Rheims 11 ... 32 lieues	de St. Quentin à Soissons 11 / de Soissons à Rheims 10 ... 37 lieues	de Provins à Sézanne 12 / de Sézanne à Châlons 10 ... 16 lieues	de Nogent à Arcis 7 / de Arcis à Vitry 7½ / de Vitry à Châlons 6½ ... 21 lieues
	2e Ligne	2e Ligne	2e Ligne	2e Ligne	
	de Sedan à Rethel 10 / de Rethel à Rheims 9 ... 25 lieues		de Meaux à Château Thierry 12 / de Château Thierry à ... 30 / de ... à Rheims 8	de Bar à Vitry 8 ... 23 lieues	
	3e Ligne	3e Ligne	3e Ligne	3e Ligne	
	de Rethel à Rheims 9 / de Rheims à Châlons 10 ... 19 lieues	de Château Thierry 8 / de Epernay 11½	de Coulommiers à Sézanne 12 / de Sézanne à Châlons 12 ... 24 lieues	de Brienne 17 / de Vitry à ... 10 / de Vitry à Châlons 8 ... 16 lieues	
			4e Ligne / de Meaux à la Ferté / ... ... / ... ... / ... Montmirail ... 9 lieues / de Montmirail / à Châlons 13		

Régime alimentaire.   PENSIONNAIRES DE 1re CLASSE.   Prix de la Pension : 1550 fr.

NATURE DES CONSOMMATIONS, Quantité attribuée à chacun et PRIX MOYEN DES OBJETS DE CONSOMMATION	DÉPENSE QUOTIDIENNE.							TOTAL par SEMAINE.	OBSERVATIONS.
	LUNDI.	MARDI.	MERCREDI.	JEUDI.	VENDREDI.	SAMEDI.	DIMANCHE.		
Aliments pour la journée.	F. C.	F. C.	F. C.	F. C.	F. C.	F. C.	F. C.	F. C.	
Le matin, Café ou Chocolat............	» 20	» 20	» 20	» 20	» 20	» 20	» 20	1 40	Si et la demande des familles ou d'une circonstance particulière, etc...
Pain blanc, toute 1re farine, 75 décag. à 30c le kil.	» 22.50	» 22.50	» 22.50	» 22.50	» 22 50	» 22.50	» 22.50	1 57.50	
Vin vieux (1re qualité), 80 centil. à 60c le litre.	» 48	» 48	» 48	» 48	» 48	» 48	» 48	3 36	
Déjeuner à 11 heures. { Côtelettes de mouton, etc.	» 30	» 30	» 30	» 30	» 30	» 30	» 30	2 10	
{ Dessert.	» 15	» 15	» 15	» 15	» 15	» 15	» 15	1 05	
Dîner à 5 heures. { Viande de boucherie (1re qualité), 50 décag. à 1f le kilog.	» 50	» 50	» 50	» 25	»	»	» 25	2 00	
Volaille ou Gibier	»	»	»	» 40	»	»	» 40	» 80	
Légumes verts	» 20	»	» 20	»	» 20	» 20	»	» 80	
Riz ou Plat sucré	»	» 20	»	» 20	»	»	» 20	» 60	
Salade	» 5	» 05	» 05	» 05	» 05	» 05	» 05	» 35	
Poisson ou plat maigre équivalent...	»	»	»	»	» 50	» 50	»	1 00	
Dessert............	» 15	» 15	» 15	» 15	» 15	» 15	» 15	1 05	
Supplément pour assaisonnement	» 05	» 05	» 05	» 05	» 05	» 05	» 05	» 35	
TOTAUX PAR JOUR	2 30.50	2 30.50	2 30.50	2 45.50	2 30.50	2 30.50	2 45.50	16 43.50	

Dépense moyenne, par jour, 2 fr. 35 centimes. — Par an : 857 fr. 75 centimes.

ALIÉNÉS AU RÉGIME COMMUN. — *HOMMES.*

NATURE DES CONSOMMATIONS, Quantité attribuée à chacun et PRIX MOYEN DES OBJETS DE CONSOMMATION.	DÉPENSE QUOTIDIENNE.							TOTAL par SEMAINE.	OBSERVATIONS.
	LUNDI.	MARDI.	MERCREDI.	JEUDI.	VENDREDI.	SAMEDI.	DIMANCHE.		
	F. C.	F. C.	F. C.	F. C.	F. C.	F. C.	F. C.	F. C.	
Pain, de toutes farines, 75 décagrammes à 21c le kilogramme..............	» 15.75	» 15.75	» 15.75	» 15.75	» 15.75	» 15.75	» 15.75	1 10.25	
Vin, 20 centil. à 50c le litre..........	» 06.	» 06	» 06	» 06	» 06	» 06	» 06	» 42	
Viande, 25 décag. à 70c le kilogramme..	» 17.50	» 17.50	» 17.50	» 17.50	»	»	» 17.50	» 87.50	
Légumes secs, Œufs ou Poisson salé...	» 02.40	» 02.40	» 02.40	» 02.40	» 09.90	» 09.90	» 02.40	» 31.80	
Pruneaux ou Fromages..............	» 03	» 03	» 03	» 03	» 03	» 03	» 03	» 21	
Supplément pour assaisonnement......	» 05	» 05	» 05	» 05	» 07.70	» 07.70	» 05	» 30.40	
Totaux par jour.....	» 47.65	» 47.65	» 47.65	» 47.65	» 42.55	» 42.55	» 47.65	3 22.95	

Dépense moyenne, par jour, 46 cent. 15. — Par an, 171 fr. 57 centimes.

ALIÉNÉES AU RÉGIME COMMUN. — *FEMMES.*

NATURE DES CONSOMMATIONS, Quantité attribuée à chacun et PRIX MOYEN DES OBJETS DE CONSOMMATION.	DÉPENSE QUOTIDIENNE.							TOTAL par SEMAINE.	OBSERVATIONS.
	LUNDI.	MARDI.	MERCREDI	JEUDI.	VENDREDI	SAMEDI.	DIMANCHE		
	F. C.	F. C.	F. C.	F. C.	F. C.	F. C.	F. C.	F. C.	
Pain, 62ᵈ50. à 21ᶜ le kilog..........	» 13.15	» 13.15	» 13.15	» 13.15	» 13.15	» 13.15	» 13.15	» 91.91	La ration de pain pourra être portée à 90 décigrammes pour les aliénées, à l'égard desquelles un surcroît d'aliments sera jugé nécessaire par le médecin.
Vin, 20 cent. à 50ᶜ le litre...........	» 06	» 06	» 06	» 06	» 06	» 06	» 06	» 42	
Viande, 25 décag. à 70ᶜ le kilog.......	» 17.50	» 17.50	» 17.50	» 17.50	»	»	» 17.50	» 87.50	
Légumes secs, Œufs ou Poisson salé ...	» 02.40	» 02.40	» 02.40	» 02.40	» 09.90	» 09.90	» 02.40	» 31.80	
Pruneaux ou Fromages...............	» 03	» 03	» 03	» 03	» 03	» 03	» 03	» 21	
Supplément pour assaisonnement.......	» 03	» 03	» 03	» 03	» 07.70	» 07.70	» 03	» 30.40	
Totaux par jour......	» 43.03	» 43.03	» 43.03	» 43.03	» 59.75	» 59.75	» 43.03	3 04.61	

Dépense moyenne, par jour, 43 centimes 51. — Pan an : 158 fr. 81 centimes.

TABLEAU COMPARATIF

Du prix de la journée par nature de dépense et par classe de personnes.

	ALIÉNÉS au RÉGIME COMMUN	PENSIONNAIRES de 3ᵉ CLASSE	de 2ᵉ CLASSE	de 1ʳᵉ CLASSE	CHALONS.	ROUEN.	Bicêtre, la Salpêtrière (PARIS.)	Hospice de Ste-Périne (PARIS.)
	F. C.	F. C.	F. C	F. C.	F. C.	F. C.	F. C.	F. C.
BATIMENTS.								
Entretien des bâtiments	» 04.58	» 04.58	» 04.58	» 04.58	» 04.58	» 04.23	» 04.69	» 14.20
ADMINISTRATION.								
Dépenses des employés	» 13.91	» 13.91	» 13.91	» 13.91				
Frais de bureau	» ».58	» ».58	» ».58	» » 58	» 14.29	» 16 70	» 07.08	» 13.50
NOURRITURE.								
Pain	» 13.75	» 13.75	» 22.50	» 22.50				
Vin	» 06. »	» 15	» 52	» 48				
Viande	» 12.50	» 25	» 25	» 40	» 56.72	» 57.70	» 48.18	1 09.98
Comestibles divers	» 11.88	» 59.29	» 55	1 53.50				
TRAITEMENT DES MALADES.								
Médicaments, bandages, objets de pansements, etc.	» 01.91	» 01.91	» 01.91	» 01.91	» 01.91	» 02.55	» 01.50	» 02.27
COMBUSTIBLES.								
Chauffage	» 03 75	» 03.75	» 03.75	» 03.75	» 06.75	» 07.97	» 04.94	» 10.09
Éclairage	» ».98	» ».98	» ».98	» ».98				
MOBILIER (Entretien du).								
Habillement	» 13.28	» 07.30	» 07.50	» 07.50				
Blanchissage	» 02.15	» 02.15	» 06.70	» 06.70	» 18.12	» 21.89	» 09.15	» 11.61
Meubles et ustensiles	» 01.51	» 01.51	» 01.51	» 01.52				
FRAIS DE CULTURE.								
Jardins	» ».54	» ».54	» ».54	» ».54	» 01.08	» 01.15		
Terres	» ».54	» ».54	» ».54	» ».54				
DÉPENSES COMMUNES A TOUS LES CHAPITRES.								
Frais d'inhumation et menues-dépenses du culte	» ».21	» ».21	» ».21	» ».21	» ».21	» ».41	»	»
Perruquier	» ».21	» ».21	» ».21	» ».21	» ».21	» ».68	» .04	» ».52
Écurie	» ».58	» ».58	» ».58	» ».58	» ».58	»	»	»
Objets divers	» 01.09	» 01.09	» 01.09	» 01.09	» 01.09	» 03.25	» ».77	»
Nourriture des employés	» 06.68	» 06.68	» 06.68	» 06.68	» 06.68	»	» 07.68	» 02.51
	1ᶠ 01.91	1ᶠ 42.94	1ᶠ 86.97	2ᶠ 98.48	1ᶠ 11.80	1ᶠ 16.51	»ᶠ 84.01	1ᶠ 64.28

TROUSSEAU D'ALIÉNÉ AU COMPTE DES DÉPARTEMENTS.

	HOMMES.			FEMMES.	
	fr.	c.		fr.	c.
3 paires de Draps.............	48	»	——	48	»
6 Chemises..................	24	»	——	21	60
6 Mouchoirs de poche.........	5	70	——	5	70
6 Serre-têtes.................	2	50	——	2	50
2 Blouses....................	17	10	——	14	»
Pantalon de toile à corsage....	5	60	——	»	»
Pantalon d'étoffe............	14	17	——	»	»
2 paires de Guêtres d'étoffe.....	3	14	——	3	14
——————— de toile.....	2	40	——	2	40
2 Cols en étoffe..............	1	20	——	»	»
Calotte d'étoffe et chapeau de paille..................	2	15	——	»	»
3 paires de Chaussettes de laine..	4	45	——	»	»
Jupe à corsage en toile.......	»	»	——	5	60
— en molleton..........	»	»	——	13	80
6 Mouchoirs de cou..........	»	»	——	7	50
2 Cornettes de couleur........ ...	»	»	——	1	»
3 paires de Bas de laine........	»	»	——	10	05
Prix des façons..............	13	70	——	14	30
	144	11	——	149	59

Prix de renouvellement par chaque année........................	28	80	——	29	90

ASILE CENTRAL D'ALIÉNÉS

*Des départements de l'Aisne, des Ardennes, de l'Aube,
de la Marne et de Seine-et-Marne.*

Budget des Recettes et des Dépenses.

POPULATION HABITUELLE.

CLASSEMENT DE LA POPULATION.	NOMBRE de personnes.	NOMBRE de journées.	PRIX de la journée.	DÉPENSE pour l'année.	OBSERVATIONS.
				f. c.	
Aliénés au compte des départements	440	160,600	1 02	163,812	
Dᵗᵒ Pensionnaires de 3ᵉ classe	30	10,950	1 45	15,658 50	
—————— de 2ᵉ classe	20	7,300	1 87	13,651	
—————— de 1ʳᵉ classe	10	3,650	2 99	10,915 50	
Totaux.....	500	182,500	Prix moyen. 1ᶠ 11ᶜ 80	204.035 00	

Titre 1.er — Recettes.

NATURE DES RECETTES.	CRÉDITS PROPOSÉS.

Chapitre 1er.

RECETTES ORDINAIRES.

Articles.		
1	Rentes sur le trésor	262
2	Rétribution des aliénés au compte des départements	176,660
3	Pensionnaires de 3e classe........	18,900
4	———— de 2e classe........	17,000
5	———— de 1re classe........	15,500
6	Produit des cultures et des travaux...	6,000
7	Recettes diverses................	1,500
	TOTAL des Recettes......	255,822

Titre 2. — Dépenses.

NATURE DES DÉPENSES.	CRÉDITS PROPOSÉS.
Chapitre 1er.	
DÉPENSES ORDINAIRES.	
Section 1re.	
Entretien des bâtiments.	
Articles.	
1 — Réparations.	8,000
Section 2.	
Administration.	
2 — Appointements et gages	25,400
3 — Frais de bureau	700
Section 3.	
Nourriture.	
4 — Pain	52,124
5 — Vin	19,496
6 — Viande	29,863
7 — Comestibles divers	54,222
Section 4.	
Traitement des Malades.	
8 — Médicaments	5,500
Section 5.	
Combustibles.	
9 — Chauffage	10,500
10 — Éclairage	1,800
A reporter	165,605

NATURE DES DÉPENSES.	CRÉDITS OUVERTS.
Report.............	165,663
SECTION 6.	
Entretien du Mobilier.	
Articles.	
11 Habillement et coucher	26,182
12 Buanderie....................	4,548
13 Meubles et ustensiles...........	2,400
SECTION 7.	
Frais de culture.	
14 Entretien du jardin..............	1,000
15 Culture des terres	1,000
SECTION 8.	
16 Frais de culte.................	400
SECTION 9.	
17 Frais de perruquier	400
SECTION 10.	
18 Frais d'écurie.................	700
SECTION 11.	
19 Dépenses diverses	2,000
Chapitre 2.	204,035 f.
DÉPENSES EXTRAORDINAIRES.	
ARTICLE UNIQUE.	
Dépenses de construction et d'acquisition de mobilier pour achèvement de l'asile proposé.............	51,787 f.
TOTAL DES DÉPENSES ordinaires et extraordinaires........	255,822 f.

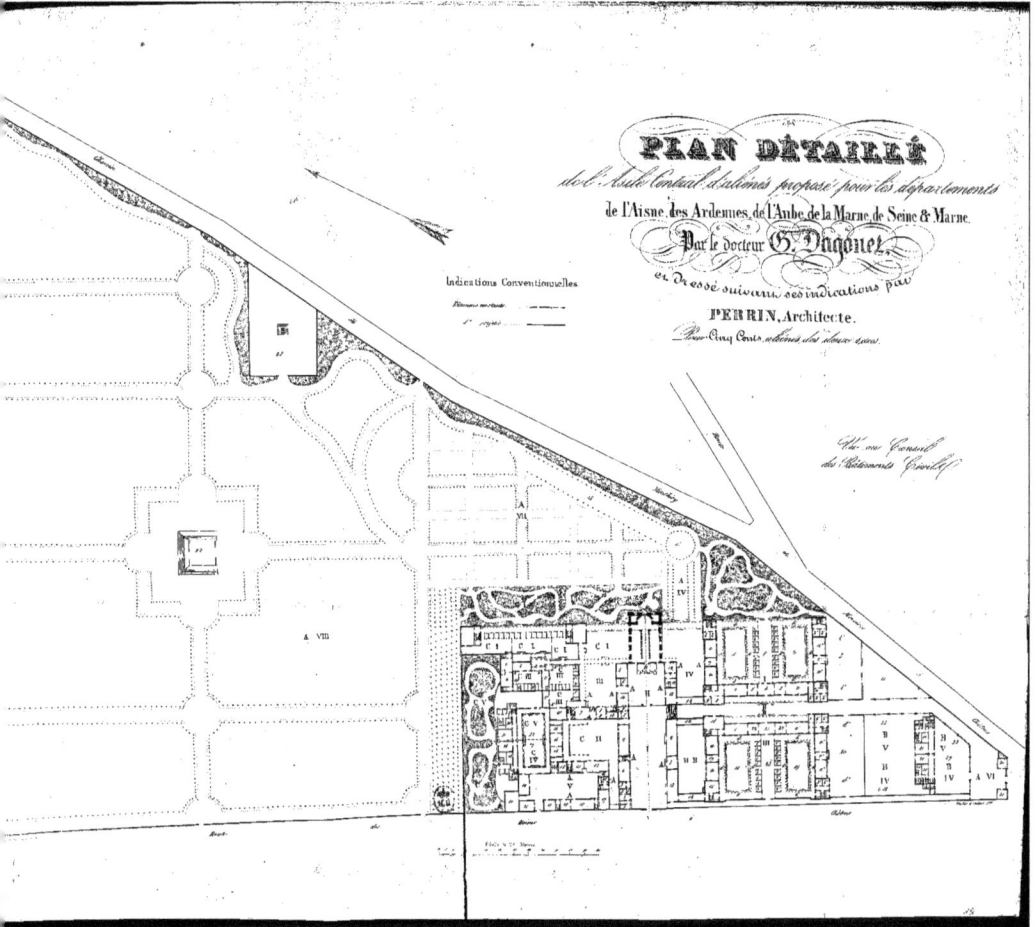

PLAN DÉTAILLÉ

de l'Asile Central d'aliénés proposé pour les départements
de l'Aisne, des Ardennes, de l'Aube, de la Marne, de Seine & Marne.

Par le docteur G. Dagonet,

et Dressé suivant ses indications par

PERRIN, Architecte.

Indications Conventionnelles